# 其实你不懂孩子

QISHI NI BUDONG HAIZI

刘启辉 著

一名心理咨询师眼中的家庭教育

暨南大学出版社
JINAN UNIVERSITY PRESS

中国·广州

**图书在版编目（CIP）数据**

其实你不懂孩子：一名心理咨询师眼中的家庭教育/刘启辉
著. —广州：暨南大学出版社，2015.3（2020.1 重印）
ISBN 978 – 7 – 5668 – 1347 – 3

Ⅰ. ①其…　Ⅱ. ①刘…　Ⅲ. ①家庭教育　Ⅳ. ①G78

中国版本图书馆 CIP 数据核字（2015）第 037712 号

**其实你不懂孩子：一名心理咨询师眼中的家庭教育**
QISHI NI BUDONG HAIZI：YIMING XINLI ZIXUNSHI YANZHONG
DE JIATING JIAOYU
著　者：刘启辉

出　版　人：徐义雄
策划编辑：黄圣英　冯　琳
责任编辑：冯　琳
责任校对：徐晓俊
责任印制：汤慧君　周一丹

出版发行：暨南大学出版社（510630）
电　　话：总编室（8620）85221601
　　　　　营销部（8620）85225284　85228291　85228292（邮购）
传　　真：（8620）85221583（办公室）　85223774（营销部）
网　　址：http://www.jnupress.com
排　　版：广州良弓广告有限公司
印　　刷：佛山市浩文彩色印刷有限公司
开　　本：850mm×1168mm　1/32
印　　张：5.5
字　　数：122 千
版　　次：2015 年 3 月第 1 版
印　　次：2020 年 1 月第 8 次
定　　价：25.00 元

（暨大版图书如有印装质量问题，请与出版社总编室联系调换）

# 自 序

从事高校心理咨询工作已十多年了，我一直想将自己这些年来的所思、所想以及所遇到的人和事写下来，却因为自己的懒惰，一拖再拖。最终能拿起笔写下来，还得归功于那些听众和家长，是他们的鼓励促成了这本书成稿。

从事高校心理咨询工作的人大体都有过这样的体会：为自己不能很好地帮助来访者而有些愧疚，尤其是在从事这份工作的最初阶段，这种体会会更深。其实，即便随着以后专业水平的不断提高，能更为坦然地面对自己的局限，这种情结依然存在。它一方面促使我不断学习，希望能够提升自己的专业技能，从而更好地帮助来访者；另一方面，我也在想，与其做一些亡羊补牢的工作，不如将工作做在前面，去普及家庭教育知识，让每一个孩子在更早的人生阶段就能接受到更好的家庭教育，而不至于将问题积聚到大学引爆。

曾经有一个阶段，我迫切地希望能找到一些机会来直接面对家长，和家长们分享我在咨询过程中遇到的个案，帮助他们走出家庭教育中的误区。2008 年青岛市妇联启动了"迎奥运·百场公益讲座进社区"的活动，我有幸参与其中，走入青岛各区市基层社区，与家长们面对面地交流。关于家庭教育，家长们的期待和迫切想学习的劲头鞭策着我不断学习、不断提高。在这个过程中，受益最深的其实还是我自己。常言道：行万里路，读万卷书。行路，以一种直接的经验去体味人生；读书，用间接的经验去丰富自己。而我们这些心理咨询师，应该感谢来访者：是他们，愿意让我们去分享他们的人生故事，从而使我们比常人多了一条道路去丰富自己。

我的研究生专业方向是心理统计与测量，而今从事的工作是心理咨询，两者相去甚远。每次想到这里就会觉得无颜面对自己的导师。所幸这十多年来，我一直从事的学习心理辅导结合了原来所学的考试研究和发展与教育心理学，聊以自慰。

2003 年的夏天，一名因为有点焦虑和强迫倾向而打算放弃学业的高一女生来咨询。我使尽浑身解数开导、陪伴了孩子两年，可喜的是她坚持了下来，而且还考出了县里高考文科第二的好成绩。自此，我就与处于基础教育阶段的孩子结下了不解之缘。如果说，我还能在孩子的成长过程中起到一点点促进作用的话，它应该归功于这些孩子身后的父母。孩子的问题十之八九与家庭有关、与父母有关，却不是每个父母都能够直面它。这些父母敢于面对问题以及不断追求自我成长的勇气值得每一个人学习。

本书根据我在国家级中等职业学校骨干教师培训班上的讲话稿整理而成。我一直以为自己的话语叙事能力强于文字表达能力。如果不是因为嗓子出了一点小问题，估计这本书依然会束之高阁。最终能将我这些年的所思、所想以及所遇到的人和事诉诸文字，在于身边的听众、家长以及亲人的不断勉励。请允许我在这里对你们一直以来的支持和鼓励表示衷心的感谢！

刘启辉

2014 年 12 月于青岛

# 目　录

## 第五篇　12～18岁孩子的成长与抚育

# 第一篇

## 0~1岁孩子的成长与抚育

欠孩子的是迟早要还的，而且还起来是那么的艰难！不要以为刚出生的孩子什么也不懂，殊不知父母的一些无心行为，却给孩子未来一生的心理状态埋下伏笔。我不能理解一些妈妈为了身材而不愿意给孩子哺乳；我也不能理解一些妈妈为了摆脱养孩子的辛劳，有意无意地将孩子甩给老人。我更为那些为了生计无奈将孩子留在家乡的打工夫妻感到惋惜，为他们身后的留守儿童流泪。

我有一个梦想，梦想每一个新生儿妈妈不用操心生计，能够心无旁骛地陪伴孩子度过生命中的头一年。

# 亲源性心理障碍与
# 师源性心理障碍

> 0～18岁，正是从家庭步入学校、尚未走向社会的阶段，主要的影响环境就是家庭和学校。

生命成长的奥秘，是一个非常有意思的话题，每一个人都特别想探寻。一个生命个体，从刚出生到18岁，他的心理成长是怎样一个过程；在生命早期婴幼儿阶段的发展状态又是怎样的？我想就此来说一说。

为什么要谈这个话题？应该这么说，一个人的成长如果顺利，那么他未来的身心发展就会少一些潜在的隐患，被负面事件诱发出心理疾病的可能性就小。反之，如果一个人在成长过程中不是很顺利，遭遇了一些阴影和创伤，那对他未来的身心发展就有很大影响。0～18岁，正是从家庭步入学校、尚未走向社会的阶段，主要的影响环境就是家庭和学校。所以，我们在这里主要谈亲源性心理障碍和师源性心理障碍。那我们来看看，亲源性心理障碍和师源性心理障碍大体是一对怎样的关系？应该说亲源性心理障碍是由家庭的不良教养方式导致的心理问题。这比较容易理解，也就是说一个孩子为什么会成长为这样？如果他有一些心理障碍的话，是由他所在家庭中的一些不同于别人的、负面的养育方式带来的。师源性心理障碍是由教师的不良教育行为导致的心理问题。两者的差异就在于诱发源不一样，一个是由家庭引发的，另一个是由教师引发的。

不知大家是否还记得2012年10月媒体所称的"虐童事件"，这就是一个师源性心理障碍的典型案例。一个幼儿园教师把自己虐待学生的照片发到互联网上，引起轩然大波。像这样一种教师的过激行为肯定会使孩子产生心理创伤。现在有些幼儿园老师喜欢"关禁闭"，即把幼儿关到小卫生间或小黑屋里。有没有？应该有！至少我在咨询中，听过不少这样的个案，一些有过被"关禁闭"经历的孩子，长大以后比较容易得"幽闭恐惧症"。也就是说，当他一个人待在比较狭小的空间里的时候，会感到特别没有安全感。比较典型的症状就是当他再次去一个小黑屋或者类似情境（比如一个人在电梯里）中时，就会无端地产生恐慌。所以我们要知道，类似"关禁闭"这种率性的处理方式是容易给人造成一定伤害的。

亲源性和师源性，两者的关系是怎样的呢？就我个人的观点，亲源性的问题应该说烂掉的是根，是原发性的。就像一株植物一样，如果根不行，上面的枝叶也好不到哪里去。如果再来一个打击的话，就会承受不住。至于师源性的问题，大部分只是压死骆驼的最后一根稻草，是继发性的。只有在极少数情况下，老师会给孩子带来严重的心理创伤，就比如上面提到的"虐童事件"。但是，一个有意思的现象是：社会大众对老师有着比较高的职业道德期许，一旦发生问题，大众一般不会做这样一种推断——老师是有错，但是否这一个体也有问题呢？举例来说，如果一个被老师责备或者批评的学生跳楼了，社会舆论和所有的矛头会指向谁？肯定是指向老师！大众一般不会指责家长。而老师内心就会很委屈：你说我批评过那么多孩子，怎么就他跳楼啊，是不是有他自己的一部分原因呢？这个推断本身是没有问题的，说明在普遍性当中存在着特殊性。这种特殊性从何而来？应该是由他早年特殊的养育方式和成长经历造成的。

大众这种惯性的推断思维，短时间内是很难改变的。若想少背负一些无谓的责任，就要有一种职业良知：要爱孩子，尽量让孩子少受伤害；不可轻率地、不择言行地对待孩子。

## 安全感很重要

> 从小到大，从幼儿到小学生甚至到青年，早年没有建立的安全感在人生的不同阶段都会以不同的形式浮现出来，影响未来的身心发展。

0～18岁，年龄跨度非常大，你可能会想：小时候的事情能和现在的身心状态扯上关系吗？我仅就我的教育对象（15～18岁）展开这个问题。看完下面的故事，你就会发现，不同的事件其实存在着具有普遍性的部分。每一人的现在，都是他过去的缩影。

**故事一**　去年的这个时候有一个家长来找我。事实上，她知道我这个人并能找到我，是因为我给她孩子所在幼儿园的家长上过一节"父母课堂"。不过她当时没有在课堂上咨询，而是几个月之后才通过幼儿园老师联系到我。之所以费那么大劲找到我，是因为最近孩子发生的事，让她实在受不了了。她的孩子跟我的孩子一样大，所以她的经历我感同身受。她的孩子跟我的孩子一样，都是从小小班开始送入幼儿园里的。不同的是，她的孩子已经入园两年多了，仍然天天哭。有过这一经历的父母估计对这情形不陌生，用她的一句话来概括就是："全园的老师、家长都知道我家孩子不好送！"孩子被送入园，如果不哭当然是最好的，说明适应特别好。哭一周也算不错，是吧？哭一个月呢？也还行。哭两年呢？估计没有哪位家长受得了吧。其实这还不算长的，在我的咨询个案中，最极端的是上小学还会哭的。现在你去问小学一年级的老师，还真有不少这种情况呢。我们小时候似乎不会这样，是不是？不巧的是，那天我正好请客吃饭，便想推辞。可她执意要来找我，我只好无奈地说："要来就等我吃完饭吧。"结果她还真等到了八九点钟。

见面之后她对我讲，上幼儿园的头天晚上孩子就问她："妈妈，明天要上幼儿园吗？"

她说："要啊！"

孩子说："可不可以不去？"

她说："不能！我们应该去。"

孩子马上说："那妈妈我给你跪下来，我们不去幼儿园了，行不行啊？"

我听着挺难受，至少从我的角度来看，孩子到了这个地步，确实是存在问题的。那么，孩子在入园适应当中出现这种现象，反映出的是什么问题？背后存在的核心问题又是什么？

有人说是家庭教育问题，也有人说是幼儿园老师的问题。我提炼一下——分离焦虑！对吧？分离焦虑背后又反映出什么？安全感和依恋关系，这些都是关键词。孩子分离得那么困难，一定是跟他的安全感和依恋关系的薄弱有关系，跟他妈妈处理分离的方式有关系。至此，我们就把入园适应不好这一状况背后的原因提炼出来——缺乏安全感！

**故事二** 一位小学一年级孩子的家长求助于我，她显得特别焦虑（这是我在青岛慈善总会做义工，接听心理热线时的个案）。电话里，她说孩子注意力特别差，上课从不用心听讲。开学才几周，她就被老师叫去好几回。

在这里，我想提醒大家注意。这个家长谈到了孩子注意力特别差，那么，影响注意力的因素有哪些？有些因素是显而易见的，比如说身体里铅含量高导致多动、注意缺陷。如果排除了这些因素，孩子仍然出现注意缺陷，你就要想到，有一些心理因素会影响到孩子的注意力，比如没有安全感就可能导致他很难保持注意力集中。

我们如果有过带孩子的经验的话，就应该能够体察到安全感对孩子注意力的影响。比如说，在孩子会爬但还不会走的时候，你是否注意到这一现象：当孩子学会爬以后，他发现自己有能耐离开母亲了，就会尝试爬着去探索周围的世界。有意思的是，孩子探索了一会儿以后，会跟父母亲有个互动——他爬回来朝父母亲一笑，假如说获得了父母亲的关注，他会很开心，又爬出去玩。孩子的这个行为就是在寻找安全感。如果孩子在探索的过程中，发现父母亲不在身边，他就失去了安全感，无法再继续探索了，而代之以哇哇大哭！我们常在育儿书上看到这么一句话：安全的依恋关系是孩子主动探索外在世界的基地。这句话完美地诠释了这种现象。打个比方，如果你们坐着的凳子随时会给你电击，但你不知道它会发生在什么时候，那么你还能专心听课吗？答案必然是否定的。由此可见，安全感是很重要的。

和大家分享一下我个人在地震灾区缺乏安全感时的一种心态。我读初二那年，当地发生了一次地震，余震不断。即便如此，因为马上要升初三，那个暑假我们还是在补课，可是越到后面注意力越是无法集中。要知道，同学们都很恐慌，甚至到了草木皆兵的程度。有一次楼上班级的一位同学起立时不小心把凳子弄倒了，结果，一瞬间楼下教室里的老师和同学们就跑得一干二净。后来，学校不得不停止补课。

所以说，安全感是让孩子保持专注的一个很重要的前提。

学习心理学有个好处，经常可以从抚育孩子的实践中去验证自己曾经学习到的理论。自打有了孩子以后，我就有心观察孩子的一言一行，验证曾经学过的心理学理论。有一次，孩子在客厅里玩积木，而我在书房里上网。他在专注地玩，我在默不作声地上网查资料。当时我产生一个想法：孩子待会儿可能会来找我。果不其然，过不了一会儿，客厅那头就传来孩子的声音："爸爸！爸爸！"这是孩子寻求安全感的体现。因为不是小婴孩，所以他不需要爬过来通过亲眼看到来验证我的存在。他只需用声音发出信息，如果我能回应，他就会安心地继续玩而不是过来找我。猜到孩子可能的心理状态，我便回应说："宝宝，不用担心，我在这边呢，你玩就行了！"有意思的是，客厅那头的他果真接着又玩起来了。

安全感会让孩子更专注！所以在家庭氛围紧张、夫妻关系差的环境下，成绩好的孩子真不多。这又说明了安全感的重要性。缺乏安全感，孩子入园适应困难；缺乏安全感，孩子容易注意力不集中。世间万物普遍是联系的，有因便有果，有果亦有因。很多现象不是无端出现的，孩子的现在一定会受到他过去经历的影响！

所以你在看自己的孩子、教育对象甚至你自己的时候，请仔细想一想：你之所以会成为这样的你，一定和你的过去有关联。

**故事三**　我常去外地讲课，有一年暑假是去山东一滨海城市讲课，听课的学员都是教师。讲完课后我回到青岛，有一天晚上睡不着觉，就起来上网。QQ刚上线，嘀嘀声就响了。这是某个学员在给我发消息，我就跟她聊了起来。

她问我："刘老师，你怎么那么晚还没睡啊？"

我说："我已经睡了一觉，醒来后再也睡不着，就起来了。你怎么还没睡呢？"

她说："我失恋了！"

……

就这样聊了起来。或许是因为这批学员是参加心理咨询师资格证考试的，所以沟通起来会比较坦诚直接一些。她说之前谈了一个对象，是别人介绍的，双方感觉挺谈得来就确立了恋爱关系。但是，她总觉得不踏实，尤其是确定恋爱关系之后。

我问："为什么呢？确定了恋爱关系不是更牢靠了吗？"

她接着说："刚开始谈的时候，双方都感觉蛮好的，然后就甜甜蜜蜜、恩恩爱爱，是非常黏糊的那种。一旦确定关系，我即使知道他忙，但是我就觉得他跟我的那种互动减少会让我特别不踏实。经常追着他问：你在干吗呢？整天就知道忙，你是不是有别的想法？结果追问得太多了，男的就说：是不是我们不合适？多次争吵之后，我们俩就分手了。我觉得是我毁了这段感情。他是一个不错的人，可我就是不能接受他忙得顾不上我，这让我特别没有安全感。"

然后，她说了一句话，这句话引起了我的注意。她说："刘老师，其实我想想，我大学谈的一段恋爱跟这次有点像。都是我追着、黏着他，他是一个非常独立的人，希望有些自己的空间，也是被我烦得最后分手了。"

她的话，让我看到了一种关系模式的重复出现——一种与亲密的人在一起的关系模式。

我问："那你想想，早年你跟妈妈的关系怎样？"

毕竟学过心理学课程，有悟性。"刘老师你这么一说，我还真觉得有点像。"她说，"小时候我被送到乡下奶奶那边。我妈妈在城里工作，每到周末就过来看我。每个周末到村口迎接妈妈是我最幸福的事情。但是，同样让我最痛苦的是周末结束妈妈要回城里上班时。我每次都哭得稀里哗啦，非要送到村口去，直到奶奶使劲地哄我，好久才能平息下来。"

我们来看看这两个关系模式：男友跟她开始很亲

密，关系确定后，男友忙得顾不上她的时候，她内心就非常不踏实，追着黏住他，生怕失去他；她妈妈回到村里，她就无比开心，妈妈要回城，就死活不依、哭闹不已，就怕妈妈走了不要她。两者是不是挺相似的？所以说早年的关系模式是特别能够在未来的人际关系中重复出现的。妈妈的离开或者男朋友联系的稀少，使她内心浮现不安、害怕的背后是什么？还是缺乏安全感吧。

好了，安全感将这几个故事都串起来了。从小到大，从幼儿到小学生甚至到青年，因为早年没有建立安全感，它在人生的不同阶段都会以不同的形式浮现出来，影响未来的身心发展。即使进了婚姻阶段，缺乏安全感同样会浮现出来，甚者会因此影响婚姻的和谐度。在婚姻中缺乏安全感的女性会因为先生有饭局，不断地打电话、发短信确认先生在哪儿，什么时候回来……婚姻中男性同样有缺失安全感的，极端表现者会选择极度的控制。冯远征主演的电视连续剧《不许和陌生人说话》，里头就入木三分地刻画了一个极度缺乏安全感的先生是怎样变态控制配偶的人身自由的。这也就是我选择"家庭教育要从0岁讲起"的原因。

## 早年创伤与影响

> 早年的创伤并不会消失，它会被个体压抑在潜意识里。这些潜抑的创伤一旦被诱发，就会给人带来极大的困扰！

让我们从生命的早期经验谈起，尝试从不同视角来理解和感受。一个是从你的教育对象（为 16～18 岁的孩子）谈起，想想他们为什么会成为现在这样？是怎样的过去影响了他们的现在？你也可以站在自己孩子的角度来看，你在孩子早年的教育中是否留下一些遗憾，该怎样修复？当然，你也可以回头看看自己，"我"为什么会成为现在的"我"，"我"的性格在多大程度上是由"我"的过去影响的？

在人的早期经验当中，越早造成的创伤对个体形成的影响会越大，我觉得这句话是有道理的。因为成人处理问题的方式跟孩子处理问题的方式是不一样的。成人一旦有一些心理上的不舒服，如果他是人格特征偏积极的人，他会怎么做呢？他会想办法把这种不舒服疏导出去。最容易联想到的就是，很多女性有些话不能跟老公说，就跟闺蜜说，有些烦恼可以找人倒倒苦水。再者，随着这个社会的认知程度越高，如果思想观念比较超前，还可以找心理咨询师倾诉。但是，孩子可以找谁倾诉？尤其是婴孩，他连说话都不会。当一个孩子不会说也不大会表达的时候，他最容易出现的是什么？通过肢体流露情绪。也就是说，孩子如果早年有压抑、焦虑等情绪的时候，他不会采用成人的表达方式，他会通过肢体去流露、表达。不信你就去看看，是不是周围有些孩子老是咬手指？几个月大的孩子咬手指可以理解，这很多时候是孩子发育过程中的一种正常现象。但如果到了七八岁还老是咬手指，家长就得注意了，或许这是压力大、焦虑重的体现。现在咬手指的孩子还真不少。我曾遇到一位班主任，她说她们班上有三分之一的孩子咬手指。类似的肢体表达还有什么呢？眨眼睛、揪手刺、咧咧嘴、控制不住地抽动……我可以告诉你，很多人以为咬手指好像是缺某些微量元素，最直接的反应就是带孩子去查有没有缺微量元素。但咬手指真的是缺微量元素吗？以我们现在社会的物质丰富程度来说，孩子缺微量元素的情况不多见了。咬手指，多数情况下不是生理因素导致的，而是心理因素导致的。所以说，人早年的创伤对他的心理印刻是最深的，因为他没有很好的方式去处理遭遇到的一些伤害，所以他就会特别容易将负面的体验压抑在内心深处。

依弗洛伊德的观点，被压抑下去的体验容易在他未来生活当中流露、浮现出来，所以人的不少行为是受内在的动力驱使，而不是理性上感觉得出来的。弗洛伊德的这一观点摧毁了人类的自恋，与哥白尼、达尔文的观点并列为摧毁人类自恋的三大观点。哥白尼是第一个站出来摧毁人类自恋的人。自古以来，人类以为地球是宇宙的中心。哥白尼说：NO！地球是绕着太阳转的。好家伙！一下子把人类伤得一塌糊涂。达尔文呢？他说，不要以为你是上帝的子民，你是猿变来的！人类又难受了一把！弗洛伊德在人类的伤口上再次撒上一把盐。他老人家说，不要以为你什么都知道，其实你一点都不知道，你的好多行为你都不知道是怎么回事，是你的潜意识在驱使你去做很多事情。

在人的经验记忆中，越痛苦的经验印刻越深。但是因为痛苦，人倾向于做选择性的遗忘，也就是将它压抑下去。这是很自然的。大家想想，你觉得是笑过的事情记得更深还是哭过的事情记得更深？一定是哭过的事。不过，因为哭过的事让人难受，面对它非常痛苦，人下意识就会选择遗忘、压抑过去发生的事。但是压抑并不代表它不存在，这有点儿像掩耳盗铃。只要有合适的机会，它就会从压抑深处浮现出来。这有点儿像物理学上的"共振"现象。在后面的人生经历当中，如果遇到与创伤事件类似的事情时，被压抑的痛苦经验就会再次出现。

我来说一个最简单的例子。有天晚上我给幼儿园孩子的父母上课（我在青岛这边有"父母沙龙"）。上完课，有一个妈妈找我说她妹妹的事。她妹妹现在已经成年，大学毕业都好几年了，却一直无法工作，影响到了生活。她说，她姐妹仨，她自己是老二，她和姐姐小时候都曾经被送出去让别人带大。从我们一般的咨询经验来说，送出去养的孩子容易形成心理阴影，在她们家却恰恰相反，老三一直待在父母身边，反而是创伤更深的。原来她妈妈脾气特别差，情绪无常，经常否定孩子，对孩子要求很高。她妹妹在上高中的时候，有时候觉得非常困，想睡觉，可是一想到妈妈的要求，就觉得睡觉是浪费时间，不敢睡。结果在课堂上练就了一种本领——人坐在那儿，睁着眼睛，看似醒着，实际上却睡着了。这种现象持续到现在，她随时随地都可以睡着。这就有点儿像是前面提到的掩耳盗铃。你不觉得这特别像一只鸵鸟吗？鸵鸟遇到无法应对的敌人时，就把头埋进沙堆里面，屁股却撅得高高的。这一个案中的女孩，不敢违抗妈妈，结果练就了一种匪夷所思的方式来应对来自妈妈的压力。只有这样，她才不需要承受压力。这种现象，在心理学中被称为防御机制，只有这样，才能让自己好受一点。"我"如果不选择这种方式，"我"如果在清醒状态，"我"就要承担很多责任。

家庭是一个系统，家庭成员是系统中的组成要素。这就像一个生理系统，生理系统出问题了，最脆弱的地方一般最容易出问题。比如说，有些人身体不好总是表现在口腔，动不动一上火就溃疡；有些人则表现在老喜欢长脚气。所以有些有经验的老人说别治脚气，脚气治好了，肯定别的地方又会表现出来问题。在家庭系统里，孩子是最为敏感和脆弱的那一个。家庭系统出问题，容易在孩子身上表现出来。孩子的问题让家庭保持暂时的平衡，如果没有他的问题家庭就会有其他问题了。我举个例子，夫妻俩吵架、"打仗"，打到后面孩子病了。一看到孩子病了，夫妻就"停仗"不打了。你说孩子厉不厉害？孩子是一个调节者，他会觉得要继续生病，不生病他们又会打起来。所以家庭教育中有句话非常经典：关系胜于教育！意思就是说，家庭和睦了，对孩子不用刻意去施加教育，孩子自然就会好好的。反之，如果家庭关系不好，你就是累死，也不一定能把孩子教好。

　　絮叨了老半天，无非是想告诉大家，孩子的现在和过去有关系，孩子的现在也与未来有关系。早年遭遇的创伤会比长大后遭遇的创伤更容易影响到孩子的未来。作为父母，要了解这点，不要忽视孩子早年经历，不要忽视和孩子的互动。人生最重要的是0～6岁，0～6岁打下了人生最重要的基础——人格基础。6岁以后，孩子开始了知识和能力的迅速积累，直到走向社会。6岁以后这个阶段的主要任务是知识的原始积累。如果把我们的人生追求归结为成功和幸福两个命题的话，0～6岁的成长更多地左右了我们是否幸福，6岁以后的人生更多地决定着我们是否成功。所以你想让你的孩子幸福的话，就应该在孩子生命的最初几年多花一点时间，这有助于为他一生打下良好的人格基础，让他有良好的人格品质去面对生活中的成功和失败、痛苦与挣扎。

　　武志红在他的《为何家会伤人》一书中，曾经提到：0～9个月的时候，如果你给孩子带来严重创伤的话，今后被诱发出来，极有可能会导致精神分裂；9个月至2岁，你给孩子带来严重的创伤，今后被诱发出来，那极有可能会造成人格失调；2岁之后，如果父母的照看缺失，容易导致神经官能症。

　　有些人看到这些不免产生疑问：有那么严重吗？是不是有点儿危言耸听？其实，就像前文所说，早年的创伤并不会消失，它会被个体压抑在他的潜意识里。创伤的诱发是需要一定条件的。从年龄阶段来看，一般来说，小学阶段是一个潜伏期，这个年龄阶段的特征为心理能量都是指向外面的世界，很少会关注自身的心理状态。所以，小学阶段的孩子最喜欢的就是玩，满世界地疯，没心没肺地玩。而青春期却是一个相对危险的时期，那是由青春期的特点决定的。青春期孩子的心理能量开始指向自己，有着强烈的自我意识：我是怎样的一个人？我是一个受人欢迎的人吗？同学们喜欢我吗？诸如此类的问题是青春期的孩子经常思考的。正因为如此，0～6岁时候埋下的心理隐患，家长一般都察觉不出来，它会经历一个潜伏阶段——小学阶段。0～6岁时孩子所表现出的很多问题都会被年龄掩盖，他们心理与行为的一些异常表现，常会被解释成孩子小不要紧，大了就好了。这些问题什么时候容易冒出来？在人生的另外一个阶段，这些问题就容易冒出来，这个阶段叫青春期。家有青春期少年的家长一定要注意了，你们的教育对象是一群处在最危险年龄段的孩子。还有就是初中孩子也挺难教育的，有作家管这年龄段叫"刺青时代"。这个时期的孩子特别喜欢打架斗殴，反正是不能消停的。

问题的出现除了有年龄特征外，还有条件特征。也就是说，早年创伤被潜抑，今后被诱发出来，需要具备一定的条件。究竟是怎样的一种条件呢？那就是他在未来人生道路上遇到的一件事跟他早年的创伤事件特别像的时候。这种情况特别类似一个物理概念——共振。我们自己想想，被触动的时候往往是什么时候？一般都是一件事和你以前经历的那件事很像，于是曾经的那种情绪就会不由自主地涌上来。我们举个例子，最近一档相亲节目《非诚勿扰》非常受欢迎，里面曾经有个嘉宾叫乐嘉。乐嘉一直给人以语言犀利、性格硬朗的印象。但这么一个硬朗的男人也不止一次地被感动过、哭过。他哭在什么时候？哭在男嘉宾的经历跟他有点类似的时候！

　　类似的一个故事是：十多年前我看过一部电影，电影的名字是《我的父亲母亲》，导演是张艺谋。电影讲述一个乡村教师的爱情故事。看完电影的第二天（印象中应该是周五），我把电影情节讲给心理咨询室的一位同事听。紧接着周末两天，因为下雨我没有去办公室。到了周一，那位听我讲述电影情节的同事对我说："刘老师你知道吗？周末你们没有来，我一个人在办公室哭了一整天。"我赶紧问："怎么了？"她说："还不是因为你讲的故事让我想起了我的初恋。"看到了吗？人内心深处被潜抑的一些情结，容易被后来类似的生活事件诱发出来。

　　正因为早年创伤被诱发需要条件，所以并不是每一个有创伤的人今后的生活都会受到重大影响。有些人在创伤之后的人生道路上，他生命中的重要他人修复了他的部分创伤，从而使其没有受到太多的负面影响。扮演生命中重要他人的角色一般是父母、配偶，或者是至亲。比如前文所提到的一个没有安全感的女性，走入婚姻生活后，先生晚上有应酬，没有安全感的太太往往会不断地发短信、打电话确认先生在干什么、什么时候回来……如果她幸运地嫁给了一个特别好的先生，先生出去应酬的时候，太太的短信和电话并没有引发先生的烦恼，反而为了缓解太太的不安，他还会非常有耐心地随时汇报自己的情况和行踪。在这样一个互动中，因为先生给了太太一种稳定感、一致感，太太的不安全感就能得到缓解。

# 剖宫产还是自然生产?

在孩子生命的最初阶段,你应该尽量选择自然生产,除非医生说不具备自然生产的条件。

其实在生命形成的最初阶段——孕期就已经开始进行亲子互动了,准妈妈的行为、情绪等都会对胎儿产生影响,而且有些影响非常大。比如说,准妈妈若处于疾病状态,对胎儿有负面影响是毫无疑问的,因为她提供给胎儿的生存空间并非处于一个良好的状态;不良的生活习惯,比如抽烟喝酒,对胎儿的巨大负面作用也是确定无疑的;再就是高龄产妇,随着社会的发展,我们国家晚育的情况越来越普遍,高龄孕妇在孕期和生产过程中比适龄孕妇风险系数就会高很多。

剖宫产其实对孩子是有伤害的。剖宫产是在自然生产的条件不能满足的情况下迫不得已的一种选择,但是中国现在剖宫产的比例特别高,高到吓人。你知道中国的剖宫产技术在世界上的排名吗?那绝对是世界领先的。我一个朋友的闺蜜嫁给了老外,入了瑞典国籍。临生产了,因为胎位不正,没有办法只能选择剖宫产。孕妇说既然条件不允许,那就选择剖宫产呗。瑞典的大夫却建议她回到中国生产,理由就是中国剖宫产技术熟练度比瑞典高。要在其他方面我们比外国强，算得上是件让人高兴的事。但就剖宫产技术熟练度来说，我心里还是觉得怪怪的。剖宫产容易造成以下三方面的伤害：

第一个伤害是触觉敏感，剖宫产的孩子比自然生产的孩子触觉敏感。如果不信，请剖宫产的妈妈好好想想，你家孩子是不是触觉特别敏感，稍微感觉有点儿不舒适的衣服他就不穿。剖宫产的孩子适合穿棉质的、柔软的、舒适的衣服。原因在哪儿呢？就是因为在生产过程当中，如果是自然生产的话，胎儿有一个在子宫或产道被挤压的过程。在这一过程中，胎儿会受到子宫壁和产道的挤压。这种挤压让胎儿得到一种很强烈的触碰，这会增强胎儿触觉的耐受度。但是剖宫产的孩子缺乏挤压过程，一下子就从剖开的子宫里被拿出来。在这种情况下，孩子没有得到锻炼，所以出生后对其他物体，包括别人的触碰就会特别的敏感，对衣服的那种不舒适感也会特别明显。就这个不足来看，好多家长没有重视，这毕竟对孩子的未来影响不大。下面我们接着看，剖宫产还有哪些影响。

第二个伤害是剖宫产的孩子得上呼吸道感染的概率比自然生产的孩子高，剖宫产的孩子容易得上呼吸道感染疾病。产生这一现象的主要原因是什么呢？这是因为在自然生产状态下，胎儿在挤压和运动的过程中，他的呼吸系统得到了很好的锻炼；而剖宫产的胎儿瞬间就被抱了出来，呼吸系统没有得到锻炼。

第三个伤害是什么呢？是剖宫产的孩子容易感觉统合（以下简称"感统"）失调，尤其是合并后天缺少爬行锻炼的孩子。原因还是如同上面提到的那样，剖宫产的孩子在生产过程中没有得到挤压，而自然生产的孩子在生产过程中不断调整体位，努力挣扎，感统能力得到了锻炼。那么，感统是什么？感统失调到底会带来什么影响？简单来说，感觉统合就是外界信息输入，进入大脑，我们的大脑再调控我们的肢体等去应对外在世界的刺激。感统失调就是信息进来了，大脑想支配肢体去应对，却总是做不到位，颇有一点儿心有余而力不足的感觉。这个影响家长就不得不重视了，感统失调的孩子一般动作协调能力较差，无论是大动作还是精细动作。有不少感统失调的孩子还容易出现注意力不集中的情况。一说到注意力不集中，不少家长就着急了，那可是极大影响孩子学习的一个因素。中国父母比其他任何一个国家和民族的父母都在乎孩子的学习，所以说，在孩子生命的最初，你应该尽量选择自然生产，除非医生说不具备自然生产的条件。

有些准妈妈惧怕自然生产的痛苦，就选择剖宫产；更有些准妈妈生怕自然生产影响自己的体形，就选择剖宫产。我觉得这样的理由匪夷所思。大多数国家，一般都是建议准妈妈选择自然生产，即便自然生产的条件不是太好，在尝试了自然生产一段时间后最终选择剖宫产，在那段时间内，胎儿也会得到一定的锻炼。

对感统失调，很多人要么是一无所知，要么就是持无所谓的态度。我提醒大家要注意这个问题。如果你到小学去看，会发现现在有许多孩子注意力不集中，其中有不少是因为剖宫产合并后天爬行锻炼少。感统失调并不是不可修复的，但是需要早发现、早治疗。训练康复最佳的时间是小学低年级以前，早期干预的话，预后效果不错。发现晚了，干预的效果就不是很好。但是，不具备相关知识的家长往往发现孩子有感统失调问题都偏晚，错过了修复的最佳时间。很多时候，感统失调只有在上小学之后才容易被父母发现。比如说，刚才提到的注意力不集中，还有一些现象就是，写字的时候总是颠三倒四，容易混淆左右结构、上下结构。别人写 3 这样写——"3"，他写 3 这样写——"ε"。关十感统失调，我知晓得比较晚，我的孩子也是剖宫产的，而且在爬的时候没得到很好的锻炼，几乎没有经过爬的阶段就直接会走了，后来我发现孩子的动作协调能力比较差。万幸的是，在孩子 3 岁多的时候，我接触到了这方面知识，于是，在孩子四五岁的时候，我带他做了一年的感统训练，孩子的动作协调性就提高了不少。今年我还送孩子去学习武术，在他的同学中，我孩子是学得比较好的。其中有一个孩子，他的动作协调性非常差，教练的耐心都快被磨光了。有一次我见到孩子的母亲，就问："你孩子是剖宫产的吗？"

"是的。"

"是不是没怎么爬，就会走路了？"

"你怎么知道？"那位妈妈满脸讶异地看着我。

我说："你最好让孩子去做感统训练，或许练武术不是最重要的。"

感统失调的孩子的痛苦不止于此。更可怕的是，好多家长和老师不懂这方面知识，主观上认为是孩子不好好写，愤怒之下进行责骂或拳脚相加。老师觉得孩子没有认真写，其实孩子是心有余而力不足；妈妈也会觉得，孩子怎么这样。其实他真是想做到，只是做不到，埋怨是没用的，这不是孩子故意跟你作对。所以说，教育者不懂教育多么可怕！大家看看，有时候感统失调的孩子心灵上受到的创伤远比他生理上的不足要厉害！所以我们只要能选择，就应该选择自然生产。

## 分离之情绪体验

> 每个人都有被需要的心理，而且享受被需要的感受；一旦不被需要，心里难免有些失落。

在 0~6 个月这个阶段的孩子，日夜与亲人相守，如果产生心理创伤，那都是亲源性心理障碍。这种心理障碍一般是父母心理处在非常态而导致的，或者是父母忽视自己对孩子的影响力，秉持一些不正确的认识，不经意间对孩子造成了伤害。

大家都知道，在生命最初就会有一次分离。那么，人生第一次分离，是在什么时候？对，就是与母体分离时，即分娩。分离，是人这一辈子都绕不开的事情。我们来看一下人类所有的关系，很有意思！绝大部分都是越走越近，只有父母和孩子的关系是越走越远的，这种远不是亲情上的远，而是物理空间、孩子的独立性方面体现出来的远。所以你会发现处理与孩子的分离就很有意思，小的时候是孩子离不开你，大的时候是你离不开孩子。小的时候，孩子因为你的离开会哭得声嘶力竭；大的时候，孩子离开家高高兴兴的，留下一个对孩子日思夜想的你。所以啊，有些母亲本能地、下意识地就不想让孩子成长。因为人都希望自己是被需要的，一旦孩子不需要你了，你就会有浓浓的失落感。所以，在诸多的剩男剩女中，为什么有那么一些人总是找不到他们的幸福？主要原因就是他（她）背后有一个极度离不开他（她）的妈妈。每次把对象带回家给妈妈看，没有一个是他（她）妈妈能看上眼的。每次交流意见，他（她）妈妈就说对象这不好、那不好。后来孩子急了："那我怎么办？难道一辈子不成家？""怕什么，我养得起你！"真可谓一语道破天机啊！为人父母者需要学会放手，放手有时候就是爱。

　　我再举个例子来说明每个人都有被需要的心理，而且享受被需要的感受；一旦不被需要，心里难免有些失落。有一篇博文，文中的妈妈这样写道："孩子断奶了，心里想，孩子离开我也活得好好的，心里还是有点失落的……"

　　这就是分离。各人对此感受不一样，肯定会存在差异，但是分离带来的情绪、情感是肯定存在的。其实，我也观察过我自己内心的这种感受。送孩子上幼儿园，刚开始孩子总是磨叽，不愿意去，那时候我嫌烦。可是，等到有一天他不磨叽了，一路小跑到幼儿园门口，头也不回地撂下一句："爸爸再见！"在那一刹那，我看着他那小小的背影，还真有那么一些失落。

　　究其实，分离是每个人必须经历的，而且将贯穿你一辈子。不信，你自己体会一下。孩子离开家去上大学了，最难过、最舍不得的是妈妈，孩子自己倒是兴奋得不行，对未来充满着美好想象，而身后的妈妈却默默地忍受分离之痛。

# 安全又舒适的子宫环境

> 子宫环境是世界上最安全最舒适的环境。对孩子来说，分娩使他（她）从子宫环境来到现实世界，这是两个截然不同的世界。

我们先谈人生的第一次分离——分娩。对孩子来说，分娩使他（她）从子宫环境来到现实世界，这是两个截然不同的世界。诸位想一想，这两个世界落差大不大，环境差异大不大？答案是肯定的。环境差异大就必然带来一个适应的问题。环境间落差越大，适应越困难，这就意味着当妈妈的要思考：怎样才能减小子宫环境与现实环境的落差？答案是显而易见的，那就是妈妈要提供给孩子足够好的照料。

我们还是先来看看两种环境间的落差吧。子宫环境是世界上最安全、最舒适的环境。或许你会对我这一观点不以为然。不信我来问你，如果一个孕妇摔倒或者遭遇车祸，她的本能会是什么？她会保护肚子里的孩子吧。这个世界上谁会这样对你——宁愿舍弃自己的生命也要保护你？

我来说一件有趣的事吧，我前阵子给一所小学设计校本心理课程。其中有一堂课是感恩教育，那堂课真出了很多有意思的事情。我们要求同学们先写下自己的名字，然后再写下自己认为生命当中最重要的五个人或事。大家写好之后，老师就找了个孩子提问："请你说说，你都写了哪五项人或事？"那孩子站起来说："我、妈妈、奶奶、爸爸……"，第五个我们都没听清楚，再问他是什么？"政府!"我们都笑了。后续的游戏就有些残酷了。游戏的指导语说："生命是不可逆的，然而人生总是有很多意外，比如我们无法抗拒的自然灾害。假如说今天发生了意外，我们必须舍弃刚才大家所列出五项人或事中的某一个，你会选择哪一个？请大家一定慎重选择，选择好了之后，就请你在纸上划去。划去的同时，请你认真体会一下，这一划去就意味着他（她）再也不会在我们的生命中出现。"有些孩子的情感教育做得好，从游戏开始就哭起来，一直哭到最后。一个一个划去，最后往往都是剩下父母一方和自己。这是一个最让孩子难过和纠结的环节。即便这样，游戏还得继续。有的孩子选择划掉父母一方，留下自己；有的孩子选择划掉自己，留下父母一方。游戏本身没有对错之分，更多的是让孩子体验这个过程，通过游戏学会感恩，是一次增加情感教育的机会。有个孩子曾被问到："你为什么选择划去父母一方，而留下自己？"孩子边哭边说："我知道我对我的父母多么重要。如果我没有了，我父母肯定也不会幸福的。而且这是自然规律，我相信，我父母会理解我这样做的。"我们也听过这样的回答："反正我不能死!"

有项调研发现，若是成人参加这个游戏，不少成人的生命中的重要他人，包含孩子、配偶和自己的父母。进入游戏环节的时候，据统计，在上述自己、配偶、自己的父母中，参与游戏的人中 80% 会选择先划去"配偶"。身为他（她）配偶的那一方要是知道这个结果肯定会比较难受，但这也是合情合理的。我举这一个例子，想要说明的是，即便是平日非常恩爱的夫妻，在面临困难选择的时候，往往都会划去对方。在这个世界上，只有怀孕的母亲在遇到危险的时候，才总是去选择保护胎儿。从这个角度看，难道你不觉得子宫环境对孩子而言是最安全的吗？你看这世界上有多少人会在危急关头舍身为人？

还可以从另一个角度来理解子宫环境是安全的，那就是去看妊娠反应。有的妊娠反应特别厉害的孕妇能呕吐到生产那一天。一直吐到生产那一天，那这个孕妇胖起来肯定是不现实的。别的孕妇体重噌噌往上涨，而她说不定还瘦了几斤。但是瘦了的她亏欠了孩子吗？没有！好多孩子生下来体重依然达标。孕妇这种舍身精神了不起啊！好多男青年在表达自己一定会照顾好自己的恋人时，往往会说："放心好了，只要有我一口饭吃，就一定有你一口饭吃。"可对孕妇而言，那是："即便我一口不吃，我也要保证你的健康成长！"可见母亲对孩子提供的这种保护性的环境够安全。

子宫环境又是最舒适的。青岛的气候条件在国内算是最好的。可是你看，4 月份的青岛还是有些寒意，暖气一停便不适应。子宫环境会断电、停暖吗？不会！它永远是恒温的，这抵得上世界上所有最好的空调、供暖。而且在子宫里，吃喝拉撒睡一站式解决！这世界上还有哪个环境能有这么舒适？

# 不同的照看给孩子带来的影响

> 妈妈是帮助新生儿适应新世界最好的角色，没有哪个人会比她更适合这个角色了。妈妈照看的好坏决定着新生儿对这个新环境的认知和适应。

之所以强调子宫环境的安全和舒适，是因为要强调当孩子从子宫内分娩来到这世界上，两者的落差是非常大的。落差越大，适应就会越困难，尤其是对一个柔弱的生命而言。人类的小生命不像别的生物，一生下来就具备与成熟生命体相当的生存能力。人类的小生命生下来，不会走不会跳，甚至连翻身都不会。视力也没有发育好，目力所及仅仅是很短的距离，甚至在营养缺乏的地区，很多新生儿都不能睁开眼睛。就这样，突然来到一个陌生的世界，那是多么无助！谁能帮助新生儿去适应一个全新的世界呢？只有妈妈！

妈妈是帮助新生儿适应新世界最好的角色，没有哪个人会比她更适合这个角色了。妈妈照看的好坏就决定着新生儿对这个新环境的认知和适应。这个阶段最好的照看方式是什么呢？应该是妈妈本着原初的母爱，具备良好的敏感和反应性，对孩子的需求尽可能地给予及时、准确的回应。这句话里，"原初的母爱""敏感"、

"反应性"都是关键词。

所谓敏感，就是妈妈能够敏锐地察觉到孩子的各种需求。你想想看，是不是绝大部分妈妈都具有这种敏感性？反应性就是作为妈妈能及时准确地对孩子的需求给予回应。最常见的现象就是孩子刚出生时，照看者第一天一般都手忙脚乱。过了几天之后，绝大部分妈妈凭着本能就能做到不慌不乱，而且照看孩子的水平越来越高：一听孩子哭大体就知道他是饿了还是拉了，并能够帮助孩子回到舒适状态。这种不需要学习的、母亲天然就具备的对孩子的爱与照看的天性，就是"原初的母爱"。所以，一般在新生儿阶段，妈妈凭着本能就能做到"够好的母亲"（著名客体关系心理学家温妮科特的概念）。在中国的传统文化里，有坐月子的习俗。在坐月子的那段时间（一般是一个月）里，产妇和婴儿待在一个相对密闭的空间里，光线不强，产妇基本上不走出这个房间（在现代社会是基本不出门），吃喝拉撒睡尽可能在这个空间里解决。大家想想，这像不像是一个虚拟的子宫环境？出月子之后，孩子才能被抱出房间。这相当于在子宫和外在世界间人为地创设了一个过渡空间，让孩子更能适应新环境、新世界。这种过渡体现了人类的智慧。就像在地震废墟下抢救出一条生命一样，救人者细心地给受难者的眼睛上蒙上一块布，希望地面上的强光不要伤害到他的眼睛。

在客家人的传统文化里，依然保留着给新生儿摆满月酒的习俗。满月那天，先由新生儿的舅舅背着他转一圈，然后才能开席。这是用颇为隆重的一个仪式来欢迎新生儿来到这世界。

给予新生儿无微不至的照看，看似很容易做到，其实并非没有意外。那些有问题的照看，就容易给孩子留下心理阴影和创伤。

先说个段子吧。据说美国有本著名杂志在 2000 年前后的世纪之交，做过一次调研。调研的题目是，在过去的这个世纪，最该死的 10 个人是谁？在这里，我也想问问大家，你们认为最该死的人是谁？OK，希特勒！我在不同场合询问这一问题，大家几乎都会提到希特勒。不错，希特勒确实该死！不过，在那次调研中，希特勒仅排名第二。那会是谁排名第一呢？据说是一个医学博士，因为他的一个研究结论是：新生儿每隔两个小时喂奶一次，对其健康发育最好。

之所以说是一个段子，因为它有戏说的成分。它想诠释的道理是，如果一个母亲过于信奉这一教条，刻板地遵循每隔两个小时喂一次，即使孩子明显是饿哭了，做父母的也是不管不顾，非得等到设定的时间点给孩子喂奶，这样的养育方式是会给孩子造成伤害的！

为什么会出问题呢？我们设想一下，在十点前后你给孩子喂过一回奶。现在到了十一点了，孩子哭了，做母亲的凭着经验和敏感性，可以肯定孩子是因为饿而哭，但是你绝对信奉那个医学博士的观点，于是乎，你对孩子的哭泣不管不顾，不等到十二点绝对不喂食，任凭这个小生命使劲地哭。

这样的喂养方式，究竟会给新生儿带来怎样的感受呢？其实，孩子刚开始的哭指向性非常明确，那就是因为饿。如果这个时候，主要抚养者（以妈妈为主）给予即刻满足，孩子就会有满足感、舒适感（新生儿虽然有很多能力还没有发展出来，但是这些基本感受能力还是有的）。然而，如果妈妈不能给予即刻满足，甚至对孩子的哭不管不顾，孩子就会在感受上体验不到舒服，体会不到满足感，进而可能会建立一种认识：我为什么会处在这种状态？这世界怎么没人理我？他们怎么能这样对我？你要知道，这就是一种伤害！在原来的子宫环境里，孩子的需要能得到即刻的满足、随时的满足，吃、喝、拉、撒、睡，所有的需要一站式解决。而在新环境中，新生儿有了需求，却叫天天不应、叫地地不灵，这自然就会给他带来一种伤害，他会觉得：还是子宫环境好！这世界太可怕了！我没法信任这个世界。

正如埃里克森的心理发展阶段理论说的那样，这个时期发展的是孩子对世界的基本信任或者基本不信任。如果妈妈给予新生儿很好的照看的话，他就会对世界建立一个基本的信任感。如果这个时候妈妈照看得很差，总是对新生儿的需求不予回应，那他就会对世界建立一个基本的不信任感，认为这个世界没有值得信任的。新生儿一旦对世界建立了基本的信任，就容易在信任感的基础上衍生出一种品质，一种叫希望的品质。具备希望品质的人会活得非常积极，充满希望地活着；而不具备希望品质的人则会活得非常消极，一旦遇到挫折或者压力，就无法承受，就想放弃活的希望。我举一个例子来说明希望品质的重要性。相信我们每一个人都了解人类在自然灾害面前的渺小感和无助感，在人类历史上遭遇过的数次特大地震中，我们都看到过一些生命的奇迹，他们能在地震废墟下顽强地存活 72 小时以上，并最终被救出。这些存活者，经常被问到的一个问题是："请问你为什么能存活下来？是什么支撑着你活下来？"很有意思的是，不同地域、文化、民族、语言背景等的存活者，几乎都有一个类似的回答："我相信一定会有人来救我的!"这句话就体现出信任,一种坚信! 因为相信,所以有了希望。这就是说,由基本的信任而衍生出来了希望品质。所以说,在人生最初的那个阶段,因为妈妈无微不至的照看,孩子内心就建立了对这个世界的基本信任感,内心就孕育着希望的品质。他会因此感受到这个世界的美好!

在这个阶段,因为妈妈具有足够好的反应性,对孩子的需求察觉敏锐,给了孩子无微不至的照看,还容易给孩子建立一种自我全能感。新生儿在他人生最初的几个月,尚处在与妈妈的共生阶段。由于其认知能力有限,甚至都区分不了自己和自己身体的某个部位。比如,很多婴儿都有抱着自己的小脚丫啃的超萌现象,通过这种行为,发觉自己有痛的感觉,从而认识到小脚丫是自己身体的一部分。细心的抚养者也会发现新生儿有时候会把自己的脸抓破,这个动作及动作的结果,也让新生儿认识到是自己手的动作使得自己的脸受伤了。正因为新生儿不能很好地区分自己和自己身体的某个部位,也不能很好地区分自己和妈妈,于是,孩子的需求妈妈要给予及时的响应. 新生儿混淆了妈妈与自己,以为自己达成了需求的满足,自己可以操控这个世界,从而容易形成自我全能感。自我全能感是自我价值的一种体现,这种感觉的获得,会让新生儿觉得自己是可爱的,容易获得积极的自我感。

这种积极的自我价值感奠定人生最初基础。后续的养育方式可能会延续这种自我价值感,从而形成稳定的人格结构,那样就对孩子的一生都有裨益。后续的养育方式也可能彻底摧毁孩子积极的自我价值感,从而使得孩子的自我价值感差,最终成为一个自卑、羞怯、被动的个体。

自我价值感的重要性是毋庸置疑的。很多做思想政治工作的老师，经常强调孩子们要自尊、自爱、自强。其实，这"三自"与自我价值感的含义近似。一个没有积极的自我价值感的人，一定缺乏积极向上的人生态度；一个没有积极的自我概念的人，做事情总是觉得差不多就好，不敢追求自己想要的东西。

我曾经给孩子们上过一堂关于自我概念的心理课。在课堂上，我要求孩子们不假思索地写下 20 句描述自己的不同的句子："我是……的人。"通过这样的课程来让孩子们了解自己、认识自己，进而帮助他们建立一个积极的自我。在孩子们完成后交上来的作业里，其中一个孩子的 20 条句子中有一条是："我很贱！"看到这样一句对自己的评价，我们几个老师吓了一跳。一个已经上到五年级的孩子怎么会这样评价自己？课后，我们悄悄地把孩子叫到一边，询问他为什么要这样写。那孩子回答："老师，不是吗？我妈妈天天这样说我啊！"看来"打多了骂多了的孩子没皮没脸"这句话还真不假。

新生儿阶段的照看不周会影响到孩子的自我价值感；在后续的养育过程中，父母以羞辱、打骂的方式进行教育，同样会造成孩子的低自尊。在文学作品中同样有鲜活的例子。不知道大家是否看过金庸的《侠客行》？《侠客行》里面有个主人公叫石破天。石破天初出江湖的时候，别人问他："你叫什么名字？"石破天回答："我叫狗杂种！"他为什么会这样称谓自己？那是因为他刚出生就被自己亲生母亲的情敌掳走。养母在养育他的日日夜夜，倾泻自己对情敌的所有恨在石破天身上，天天管石破天叫狗杂种。因为一直与世隔绝地和养母生活在一起，不受世俗的干扰，所以石破天初出江湖，只要有人问他姓名，就说自己叫狗杂种，遭到很多人的耻笑。对比前后这两个故事，我真不明白，有些父母为何要像石破天的养母那样羞辱孩子？

一个没有积极的自我价值感的人容易作践自己。他们不追求上进就显而易见的了。一个没有积极自我价值感的人是不会积极主动去追求的，因为他会认为自己不值得拥有那些东西。说到自我价值，我很容易联想到抑郁症患者的三个特点：无意义感、无价值感、无助感。为什么抑郁症患者容易选择自杀？因为他觉得活得没有价值感，没有意义。有一年某高校有个女研究生跳楼自杀。原因是，跳楼那天晚上她接到男朋友的一个电话，要和她分手。一个女孩，因为男朋友要分手就跳楼了，可见其内心是多么脆弱。她觉得男朋友不爱她了，进而觉得这个世界不需要她了，于是毅然决然地选择了自杀。根植其内心的自杀因素一定是缺乏积极的自我感。若是换成一个具有积极的自我感的女孩，一定会想：瞎了你的狗眼，连我这么好的女孩你都不要，有多少人后面排着队等着呢！

所以说人生的最初阶段，妈妈照看的质量影响着孩子的人格基础。在这个阶段，妈妈应该本着原初的母爱，具备对孩子需求的敏感性，给予孩子准确及时的回应。绝大部分妈妈应该说都能做到，并成为一个"够好的母亲"。绝对完美的妈妈是不存在的，再好的妈妈也有偶尔不能准确回应孩子的时候。不过，即便这样，在这个阶段，还是能看到一些缺憾对孩子造成的不良影响。比如说妈妈患有精神分裂或者是产后抑郁，两者因为妈妈自己精神或情绪的困扰，无法给予孩子良好的照看，而给孩子造成不良的影响。

大家还记得浙江一所幼儿园发生的"虐童事件"吗？那个老师以虐待孩子为乐，还把虐童的照片发到网上，有把孩子塞进垃圾桶的照片，也有双手揪着孩子的耳朵提起至双脚离地的照片。中央电视台访谈节目《看见》中有一期叫《我不知道的自己》，就是有关当事老师的报道。我注意到，那个老师的妈妈，在生她之前连生了两个孩子都夭折了，于是就有点儿精神失常，并在精神失常的状态下生下这个老师。这个当事老师把母亲早年照看她的模式照搬到自己班上的孩子身上。从整个事件来看，这个老师的人格是否正常值得推敲。在这一个小时的节目里，她始终没说一句"对不起"，只说了一句话："希望社会原谅我！"主持人柴静问她为什么做这件事时，她的回答就是"好玩"。这种冷漠很容易让人想到她妈妈生下她时，由于情绪状态不好，无心照看孩子的那种冷漠。

另一种容易给孩子造成伤害的情况是，妈妈产后抑郁。如果妈妈产后抑郁又没有亲人替代性帮忙照看孩子，那么，作为妈妈带着这种情绪去照看孩子就容易出问题。我曾经遇到过这样一个案例，产妇在坐月子时发现老公有第三者，情绪从迎接新生命的喜悦一落千丈，根本无心照看孩子。我在给她做心理辅导的同时，就禁不住想：那可怜的孩子谁来帮助他啊！

在生命的最初阶段，也有一些父母秉持特殊的养育观念，这也可能给孩子造成伤害。最近我接触的一个案例挺特殊，咨询者是一个7岁孩子的妈妈。孩子大体的症状表现是：第一，7岁的男孩，天天喜欢穿妈妈的裤袜、丝袜、靴子。当时我的第一反应是，有点儿像恋物癖，具备性变态方面的一些特征。第二，7岁的孩子还整天喜欢在地上爬，甚至还经常玩小鸡鸡。我就奇怪，7岁的孩子还有这样的行为吗？第三，孩子上学了，注意力特别差。带着一丝困惑，我仔细听妈妈的描述，了解孩子早年的养育过程。听完之后，我的感想是：怎么能这样做妈妈呢？

孩子快出生时，妈妈开始创业。创业之初，公司就在自己家隔壁。用她自己的话来说，从生下孩子开始，几乎就没有坐过一天月子。我曾问她："如果说白天8个小时，你有多少时间在陪孩子？"她回答：最多一个小时。而且为了业务方便，她在床头边装了一部电话，电话一响，孩子总是被吓得惊起来，然后她也不管，直接过去忙活。此外，在坐月子时，她和老人一起带孩子，但几乎不抱孩子。我问她为什么不抱，她答："我怕抱多了的孩子将来放不下。"如果只因为这个就不抱孩子，那真是太可怕了！

担心"抱多了的孩子放不下"的父母只是从自己的需要出发考虑怎么养育孩子，希望孩子好带，不要累着自己。孩子需不需要抱？要！而且要非常多次！我们不仅要满足孩子吃喝拉撒睡方面的生理需要，更要给予孩子爱的抚慰，多给孩子拥抱，建立健康、安全的亲子依附关系。从这个孩子的行为表现来看，他有明显的退行行为。7岁的孩子没有7岁孩子应有的行为表现，不仅退行到婴儿阶段（喜欢爬），而且一直寻找与母亲相关衣物依恋（亲近妈妈的衣物），替代满足妈妈拥抱、抚慰等行为的不足。也因为没有建立安全的依恋关系，孩子的注意力差。

美国曾经进行过一项研究，将传统的儿童福利院抚养方式养育出来的孩子与普通家庭抚养的孩子对比，发现福利院的孩子无论在情商上还是智商上都比普通家庭的孩子低。传统的儿童福利院是把十几到几十个孩子放在一个房间抚养，每个孩子都被放在婴儿床上。喂奶的时候，就像流水线养猪、养牛一样，依序塞入一个奶嘴。绝大部分时间，孩子都是躺在小床内，几乎得不到照看者的拥抱和抚慰。这样的抚养方式是造成孩子与普通家庭孩子差异的罪魁祸首。所以这一研究后来影响了美国儿童福利院的抚养方式，改为让一两个抚养者带着七八个孩子，构建一个虚拟的家庭。这些孩子按年龄大小相互称呼兄弟姊妹，然后统一称呼那两个照看者为爸爸、妈妈。抚养方式的改变带来了养育质量的提高，其道理是显而易见的。因为构建了一个虚拟的家庭，家庭成员的互动，给抚养带来了情感的植入和渗透。因为有了爱、家庭关系、抚慰等大量情感的流动，孩子的智力，尤其是情绪情感得到了很好的发展。而且，福利院里的孩子一旦被家庭领养，孩子后续的发展都比较好。所以，只要条件符合，福利院还是倾向于孩子被家庭领养。

我曾经在某个城市的福利院住过几天。那个福利院还是采用传统的抚养方式，偌大的一个房间里密密麻麻地放了几十张婴儿床，两三个抚养者来回照看孩子。那里的管理者和我交流，对孩子情绪情感能力的发展表示担忧。在我离开福利院的时候，手上提着几个水果，我观察到这里的孩子与普通家庭的孩子不一样。有一个孩子注意到我手里的水果，就一直紧盯着，跟着我走了好几米远，好像一只饿狼盯着猎物一般，完全没有普通家庭孩子的那种矜持与羞怯。

我不能理解一些妈妈为了保持身材而不愿意给孩子哺乳；我不能理解一些妈妈为了摆脱抚养孩子的辛劳，有意无意地将孩子丢给老人。要知道，这些行为会给孩子带来不小的伤害。欠孩子的是迟早要还的，而且还起来是那么艰难！

## 处理好分离焦虑，建立安全的亲子关系

> 分离的处理是否恰当，同样会影响孩子的情绪甚至人格。在分离过程中，孩子容易出现分离焦虑，这种焦虑如果被母亲认识到并能很好地处理，孩子就能较好地面对分离。

前面我们提到过，分娩时婴儿与母体的分离，母亲应当怎样帮助孩子适应新的环境，不同的养育方式可能对孩子造成的影响。随着时间的推移，婴儿必须再次面临与妈妈的分离。当今社会，"妇女能顶半边天"，产假结束后妈妈就不得不重返工作岗位。这个时间一般为孩子四五个月大的时候。分离的处理是否恰当，同样会影响孩子的情绪甚至人格。在分离过程中，孩子容易出现分离焦虑，这种焦虑如果被母亲认识到并能很好地处理，孩子就能较好地面对分离。反之，如果父母不能用

正确的方式去处理孩子的分离焦虑，甚至对孩子的焦虑、哭闹不理解，采取生硬的方式处理，则孩子会将焦虑引发的不安整合进他的人格当中，从而在未来的人际关系中重复出现。

白天妈妈上班工作，孩子在家；傍晚妈妈回家，母子团聚。这一看似平淡无奇、合情合理的分离，为什么孩子会那么难过？孩子为何会产生分离焦虑？我们试着从孩子的角度去看他与母亲的关系，或许能够帮助我们更好地理解这个现象。

前面我们讲到过，生命降临之初，受限于各种能力发展，新生儿的各种情绪情感的发生都依附于此。比如说孩子的视觉发展是缓慢的，在以前营养不好的年代，新生儿往往还不能睁开眼睛。现如今，新生儿一出生就能睁开眼睛，但是视觉能力有限，眼睛能看到的距离很近也很模糊。随着视觉能力的发展，新生儿的视力也越来越好，逐渐地可以看清周围的人了。于是乎，他就慢慢能区分开人了。新生儿最早的一个区分是将妈妈和其他人区分开，也就是说对他最重要的就是妈妈这一个人。这世界上所有人在孩子眼里就分成两种：妈妈和非妈妈。新生儿最初对待周围环境是无差别反应，谁抱都可以，可是一旦他能将妈妈和周围人区分开，他就容易与妈妈建立依恋关系。这就像你刚到一个陌生环境，只认识一个人。在最初的阶段，你容易和这个唯一认识的人黏在一起。所以，这个时候就会出现我们俗话说的"认生阶段"。孩子只认妈妈，只让妈妈抱，其他人想抱他，他就不乐意甚至哭起来。对孩子而言，在这地球上他也只认识妈妈一个人，加上自己的柔弱，需要一个人来照看，不然就不能生存下去。而且，在不断与妈妈互动之中，孩子与妈妈建立了深厚的感情。这样一个生命中重要他人的离开，孩子怎么不会焦虑呢？

可能有的妈妈会认为，我就是暂时性地离开，白天出门，晚上下班就回来了，孩子犯得着那么焦虑吗？在这里，我必须给大家解释一个心理学概念：客体恒定性。所谓客体恒定性，是指当一个事物不在眼前的时候，并不代表它就不存在，它或许会在一个我们看不到的地方存在着。我们成年人估计都具备这种判断能力。但是，客体恒定性不是生而有之的，它是随着孩子的认知发展而逐渐获得的。当孩子没有获得客体恒定性的时候，一个物体或者是人不在眼前，对他而言就意味着它（他）不存在。细心的家长在养育过程中应该能观察到这种现象，当拿着一个物体（比如说手机）逗孩子玩的时候，你偷偷把手机放在身后，对孩子说："哎哟哎哟，手机不见了！"特别小的孩子（没有获得客体恒定性）不会到妈妈身后去找。因为他的理解是：东西不见了，就代表东西不存在。于是，今天妈妈不见了（去上班了），对一个尚未获得客体恒定性的孩子而言，那会是多么令人恐惧的事啊！从这一角度去理解孩子对妈妈离开的情绪反应，你就会明白孩子为什么会因为妈妈的离去而哭得声嘶力竭。

理解了孩子对妈妈离去产生焦虑的原因，我们就得帮助孩子来处理分离焦虑。既然分离是必然的，那么怎样处理妈妈和孩子的分离才能在最大程度上缓解孩子的焦虑呢？

其实，操作起来很简单——妈妈每次出门上班也好，暂时离开做其他事情也好，要先和孩子打招呼。看似简单得不能再简单的一件事，却不是每一个家长都能做到的。往往是有些家长不愿意看到孩子哭，离开孩子的时候总是选择偷偷地溜走，却不知道这样的行为无形之中会对孩子造成一生的伤害。不打招呼偷偷地离开，对孩子而言，就是对妈妈的"在"（陪伴）与"不在"（离开）存在着一种不确定感。这种不确定感，容易导致孩子缺乏安全感。你可能会觉得：有那么严重吗？但对一个尚未获得客体恒定性的孩子而言，这的确影响巨大。就像一对生活了一辈子的恩爱夫妻，突然有一天，先生不辞而别了，你觉得谁会伤得最重？肯定是妻子。我相信这种行为是世界上最折磨人的。如果先生走之前说一声："没有爱了，不想一起过了。"在那种情况下，做妻子难免伤心和难过，但总是容易过去的。招呼不打一声就突然消失，妻子就会记挂一辈子。

我再给大家说个案例。我有个同事，他暑假把孩子带回老家。暑假快结束了，他自己要先赶回青岛上班，孩子继续留在老家。临走时，他是这么跟孩子道别的：右肩膀挂着一个包，左手拎着一袋垃圾，对孩子说："宝宝，爸爸倒垃圾去了！"这一出去，他就回单位了，再也没回来。过了阵子，他来咨询我说："刘老师，我家孩子最近怎么变了？"我问："怎么变了？"他说："以前我打电话回家，我家孩子可喜欢来接电话了。可是，最近我打电话回家，他都不愿意接。好不容易他奶奶劝他说，这是你爸的电话你怎么不接？他跑过来拿起电话就说：'爸爸，我恨死你了！'"在这个案例中，父亲不是不打招呼，而是用欺骗的方式打招呼，导致了孩子对父亲的恨，可见孩子对分离有多在乎。

习惯性离开孩子不打招呼的妈妈往往会发现，孩子比之前更加黏糊，总是跟在妈妈屁股后面，生怕一下没有看紧，妈妈就溜掉。这说明这一行为已造成孩子安全感的缺失。安全感的缺失容易导致孩子无法专注地做一件事，影响注意力。相信喜欢读家庭教育书籍的家长都看到过这么一句话：安全的亲子关系是孩子主动探索外部世界的基础。安全感同样也会影响孩子未来的亲密关系。

　　妈妈离开孩子的时候总是选择偷偷地溜走，容易使孩子产生一种不确定感，孩子不确定妈妈什么时候会离开自己。这种不确定感也可以通过一个著名的心理学实验证实。心理学家曾经做过这么一个实验，实验对象为三组小白鼠。第一组小白鼠，在实验中不施加电击；第二组小白鼠，在每次电击前都给予一个信号，然后电击；第三组小白鼠，电击前不给任何信号，不确定地施加电击。实验结果表明，第一组小白鼠最健康，因为它们没有承受电击的压力；而第三组小白鼠被解剖之后，发现都有胃溃疡。胃溃疡意味着这组小白鼠在不确定的电击下引发了焦虑。由此可见，不确定感容易带来焦虑；父母亲经常不确定的行为容易引发孩子的焦虑。北京大学精神卫生研究所丛中教授用一句话生动地描述了不确定感给孩子带来的影响："昨天你还说爱我，今天你又打我一顿，明天你是否依然爱我？"

　　分离不打招呼，一个看似无关紧要的行为，却会给孩子造成不小的影响，引发孩子情绪的不安，甚至影响到孩子的安全感。如果这种情况已经发生，而且也影响到了孩子，修复的最好方式就是给予孩子持续、稳定、一致的爱。在这样一个持续、稳定、一致的过程中，孩子的焦虑和不安可以逐渐得到缓解。

# 隔代抚养，父母不应缺席

> 　　一直由老人带大的孩子回到父母身边，最容易出现的影响就是孩子很难再与父母建立亲密关系。

　　在妈妈重返工作岗位后，绝大部分家庭都是白天将孩子交给长辈照看，晚上下班回来后由妈妈照看，孩子和妈妈一起睡。还有一种极端地处理妈妈与孩子分离的方式是，有些家庭的老人因为某些原因不能进城或者到子女居住的地方帮忙照看宝宝，孩子于是就被送到乡下或异地交给老人带。这种照看方式具有非常大的伤害性。以这种方式带大的孩子，往往要经历两次分离创伤。

　　在产假结束之前，妈妈和孩子建立了亲密关系。可是，将孩子送到乡下或者异地，相当于无情地将妈妈和孩子分开。细心的抚养者都能观察到孩子的一些反应。刚开始孩子会使劲地哭，有时候哭得惊天动地，哭得撕心裂肺，哭到嗓音都哑了，再后来就没声音了，只有在抽泣，抽泣时两眼无神，最后就默不作声。这种状况叫婴儿样抑郁，也就是说孩子出现抑郁情绪。慢慢地，孩子会发现没有任何办法，为了生存，他只好去适应新的抚养者，开始与新的抚养者建立关系。一旦两者产生亲密依附关系，老人就成了孩子情感上的父母（真正生育孩子的父母只是名义上的父母）。所以，但凡一直由老人带大的孩子，往往后来都很难与亲生父母建立亲密关系。可是，与老人建立的亲密关系，过了几年又将再次被迫分离。分离往往都是因为孩子要上幼儿园或者小学了，被父母接到身边上学。这个时候，父母往往都会发现，要将孩子的心暖过来是多么的费劲与艰难，无论怎么掏心掏肺，孩子的心好像永久地留在了老人那儿。

　　老人照看的质量非常好的话，对孩子内心造成的伤害或许能轻一些。但其潜在的风险是很大的：因为多年的养育之后，孩子与老人建立了亲密而又深厚的感情。从情感上来说，老人无异于孩子父母；而亲生父母，对孩子而言，则显得有些陌生。就生命规律来说，老人一般会比孩子的父母走得早。老人的离去，对孩子意味着这个世界最亲最爱自己的人走了。这种情感上的伤害如果发生在一个尚未成年的孩子身上，那一定是非常剧烈、充满风险的。毕竟孩子不如成人，他的承受能力有限。有心理学研究发现，一个至亲的离世，对成人来说，平均需要一年左右的时间去摆脱负面情绪的影响。而对于孩子来说，这种伤害是非常难以承受的。因此，交给老人抚养带大孩子，无形中增加了孩子患心理疾病的风险。

　　我有个朋友，从小跟着奶奶长大，即便她现在都三十多岁了，也很难面对奶奶的生病和去世。去年过年，她的奶奶走了。她说奶奶走了的这半年里，她一直恍恍惚惚，心里非常难受。而奶奶生病住院的那段时间，她心里老不踏实，总是担心会发生什么不好的事情。

　　说到这儿，我想起我和孩子的一次对话。那时候，孩子才四岁，语言表达能力有限。有一天，我们一家人在吃午饭。我突然想起父亲马上就要过八十岁生日了，于是就感慨地说："唉，要是我能活到八十，我们家的和和（孩子小名）就有四十多了。那我就可以放心地走了。"孩子突然问："那要是我八十了呢？"我说："要是你八十，爸爸就走了。"我怕他不明白"走了"的意思，解释道："爸爸就死了，不能陪你了。"我接着说："要是我走了，你会怎么办？"孩子回答："那我的心就破了！"（孩子那时候小，还不会说"心碎了"）听到这句话，我和他妈妈当场就泪奔。

一直由老人带大的孩子回到父母身边，最容易出现的情况就是孩子很难再与父母建立亲密关系。有些孩子一辈子和父母形同陌路，等到长大了，有了自己的孩子，"养儿方知父母恩"，那时，他们试着去体谅父母，可能会理解当年父母把他送出去有自己的苦衷，也尝试着去修复与父母的关系。但是，这只是停留在理性层面。在感性层面，他依旧很难亲近父母，无法和父母维持亲密的亲子关系，亲昵地表达感情。孩子在理性与感性冲突中纠结不已，承受着巨大的压力。

再延伸下去，有些家庭的老人因为身体或者其他原因没法帮着照看孩子，于是就请保姆照看孩子，白天保姆带孩子，晚上妈妈照看。如果保姆不错的话，这种照看方式和老人照看差不多。不宜的一种方式就是总更换保姆。孩子好不容易和保姆建立了亲密关系，接着便更换保姆。孩子既要处理与上一个保姆的分离焦虑，接着又要努力与新保姆建立亲密关系。如此一而再再而三的话，就可能给孩子造成影响，使孩子对亲密关系没有稳定感和安全感。

我国著名临床心理学专家杨凤池说有些成人总是离婚，或许和这种经历有关。因为害怕早年一旦建立亲密关系就被迫分离的痛苦重现，他会下意识地选择在亲密关系建立之后主动解除亲密关系，避免经受被迫分离的那种痛苦。

即便孩子没有被送到乡下或异地，做母亲的也要注意抚养方式。照看孩子不是说仅仅待在孩子身边就够了，还需要妈妈与孩子进行亲密互动，建立高质量的依附关系。我曾经遇到过一个案例，一个年轻妈妈向我咨询她弟媳妇的事情。

她说，她弟媳妇有个不到一岁的孩子，最近一段时间孩子显得非常烦躁，非常想亲近妈妈，但在妈妈喂奶的时候，又总是咬妈妈。她想问问看是怎么回事。

我问："孩子一直是妈妈带着吗？"

她说："是啊。"

我问："那谁帮你弟媳妇照看孩子？"

她答："一周在姥姥家，一周在奶奶家，轮换着来。"

我有点儿担心孩子的焦躁是不断更换抚养者带来的。继续问："那妈妈呢？"

她说："我以前听过你的课，也和弟媳妇说过。弟媳妇为了孩子更好地成长，还特地辞去了医院的工作，全职带孩子。无论在姥姥家还是奶奶家，妈妈都在孩子身边啊。"

乍一听这个情况，好像还是不错的养育方式啊。于是，我追问："那白天的时间里，谁照看孩子多一点？"

她说："我弟媳妇学医出身，很注重孩子的营养。整天忙着给孩子弄吃的，别人弄，她不放心。所以，老人照看孩子多，孩子妈妈光忙着给孩子弄吃的了。"

"哦，"我说，"难怪。你跟你弟媳妇说说，和孩子建立亲密、高质量的依附关系比给孩子弄吃的更重要。如果整天弄吃的，妈妈不就成了保姆了吗？那辞职还有什么意义？让老人去给孩子弄吃的，让你弟媳妇多照看孩子。"

一个多月之后，她反馈说孩子好多了，没有那么烦躁了，喂奶咬妈妈的情况也没有了。

孩子与妈妈建立的这种亲密的依附关系，因为妈妈的离开而遭受情绪上的困扰，是无法规避的事情。但是，采取不同的处理方式，对孩子的影响程度是各不一样的。如果有可能，做妈妈的尽可能不要采取极端的方式去处理。能自己带孩子最好还是自己带，年轻时图轻松自己不带孩子，等孩子大了，会有很多麻烦事接踵而至。欠孩子的迟早要还，而且还起来是那么困难。

因为知道了这些知识，所以我在孩子两岁前，尽可能地陪伴在孩子身边，不出差、不出远门开会、不参加时间长的学习。孩子大概两岁时我选择一个不错的机会出去学习。可就是这短短几天的外出学习，我观察到孩子对分离的反应。孩子断奶后，大部分时间是我照看孩子，晚上冲奶也大多是我来。所以，那时候孩子和我的关系更为亲密。学习完回到家的那天晚上，孩子已经睡了。第二天早上，孩子妈妈说："你出门的这几天，孩子表现挺好的。每天早上，我去哪儿孩子就跟到哪儿，连上厕所都跟着。"她说这些话的时候，透着一丝得意，为孩子跟她亲感到高兴。平时我在家，孩子早上醒来收拾好之后，一般都能独自在客厅玩耍。现在为什么会这样呢？我说："你先别顾着高兴。我觉得是孩子平时和我亲，可是我离开了他。他生怕妈妈也会突然离开他，所以这两天才黏着你。如果孩子一会儿看到我，估计就不会跟着你了。"果不其然，等孩子醒来我就过去和他逗乐，待穿好衣服后，我们忙着收拾，孩子果真一个人好好儿地在客厅玩。

通过这件事，我们可以看出孩子对父母的依恋是多么的重。也难怪，有些妈妈经常玩消失，结果搞得孩子紧张兮兮的，生怕妈妈突然不见了。所以，被这么吓过的孩子，总是变得比以前更黏人。

从我家孩子这件小事上，也可以看出孩子的分离焦虑。其实，孩子即便再小，也和大人一样会产生各种情绪。但是因为年龄小，表达能力尚未发展完全，所以孩子在有情绪时，一般会通过外在的行为表现出来。当你不能读出孩子行为的含义时，就有可能错过一次教育机会，甚至有可能造成很严重的伤害。

早年和父母的剧烈分离（送到乡下或者异地带大）容易给孩子造成的影响为：一个是孩子不能理解父母的苦衷，他只能简单地理解为"爸爸妈妈不要我了，把我送给别人了"；另一个是孩子会以为"是不是我不够好，不然爸妈怎么会把我送给别人带"？孩子的自我价值感容易被伤害到。所以，有这种经历的孩子普遍比较敏感，到青春期的时候，也会比普通孩子多一分风险。因为青春期是自我意识强烈的时期，如果这个时期出现与早年创伤事件相似的事件，就容易诱发早年的那种痛苦感受。

# 呵护孩子离不开的依恋物

孩子对妈妈的所有情感和依恋都倾注在这个物件上。最好的方式就是呵护孩子对这个物件的依恋，多关心孩子，多给予孩子稳定感、安全感，孩子随着成长，会逐渐消退对这个物件的依恋。

有一次，我帮朋友做一堂宣讲推介课。在讲课的过程中，我注意到一位戴着帽子的父亲坐在前排。听家庭教育课，一般都是妈妈来的多。所以，这么一位正襟危坐的父亲坐在前排，很是显眼。讲课结束后，朋友劝说那位父亲报班，他说他还想明天找刘老师谈谈再做决定。于是第二天，父亲带着自己的太太，还有一个读初一的孩子来了。听父亲说，自己公司运行得比较好，能腾出空来照看孩子，可是孩子有点儿网络成瘾，所以挺犯愁的。听了课之后，想和老师谈谈。我问他太太："一般都是妈妈来听课，怎么昨天你没有过来呢？"太太说："家里还有小的孩子，才几个月，走不开。"

我问："大的这个孩子是怎么带大的？"没有想到，这句话一下让太太泪眼婆娑。

太太一边轻轻擦拭着眼泪，一边哽咽着说："孩子九个月大的时候，正是我们创业最困难的时候。因为没有时间照看孩子，我们就把孩子送到乡下给爷爷奶奶带。经常是一个月才能回去看一次孩子。老人对我们说，九个月大的孩子，妈妈走了之后，就一直抱着当时随身带的毛巾被，哭喊着要找妈妈，谁也哄不住，谁也拿不走那条毛巾被。"

从以上语句中，我们可以看到，这个被送到乡下给老人带的孩子内心受到的伤害有多大。在叙述中，我们看到了孩子对一个物件（毛巾被）的依恋。客体关系心理学认为，毛巾被是过渡客体，是妈妈不在身边时妈妈的替代物。当妈妈不在的时候，孩子将所有的情感都倾注在这个物品上面，自然，任谁也无法拿走它。送到乡下的孩子被父母接回来的时候，我们往往能看到孩子对某个物件的依恋是那么的重。不管这物品多么破旧，多年来，孩子一直喜欢它，有时候还偷偷地对着它说话，晚上和它一起睡觉。父母在心理上总觉得亏欠了孩子，于是想做些事情弥补。爱干净的父母更是觉得不理解，孩子为什么要整天抱着这么一个又脏又旧的东西？于是乎，经常劝说孩子：妈妈可以给你买一个又大又漂亮的玩具，你想要什么就给你买什么。可孩子就是不为所动，一直紧紧地抱着这个物件，生怕被妈妈夺走或者丢弃。不懂的父母，有时候会在这时犯下一个不可饶恕的错误：偷偷地把孩子喜欢的这个物件丢掉。他们以为是为了孩子好，如果孩子知道是父母丢掉了他最喜欢的那个物件，估计你费再多的心思也无法将孩子的心暖过来。

你想想，孩子对妈妈的所有情感和依恋都倾注在这个物件上，丢弃它，就相当于你丢弃了他的妈妈（眼前这个妈妈已经是陌生的了，没有了情感，只是有着血缘上的联系）。我曾经接待过一个在校大学生，他是超生的，所以出生后就被送到舅舅家带大。长大之后，重新回到父母身边生活。他说到这件事的时候，出神地看着窗外说："十几年来，我一直在想，我那么喜欢的东西到底到哪儿去了。"从这句话中，我看到了父母的无心之过给孩子造成了多大的伤害！

如果你发现孩子对某个物件的依恋很重（在父母身边长大的孩子，也会出现对某个物件的依恋），最好的方式就是呵护这种依恋。不要有太多条条框框，认为这是不应该的，或想尽办法去除这种依恋。如果你能呵护孩子对这个物件的依恋，多关心孩子，多给予孩子稳定感、安全感，孩子随着成长，会逐渐消减对这个物件的依恋。

如果说，你因为不知晓这些心理学知识，无意之中造成了对孩子的伤害，若想修复孩子早年的创伤，建议你一定要给予孩子持续、稳定、一致的爱。别着急迅速看到结果，就像你给孩子造成的影响不是一时半会儿，创伤的修复也需要相当长的时间。甚至，你还会看到孩子有种类似退行的行为（与他的年龄不对称的一种幼稚行为），你要有耐心等待，孩子的退行只不过是重复过去没有过的撒娇罢了。他正是通过这一行为和你建立联系，重新形成亲密、安全的关系。

# 从依恋理论看养育

> 　　早年的依恋模式会影响到成年后与爱人间的亲密关系，早年的依恋模式是未来亲密关系的模板，尽可能地给孩子建立安全的依恋风格。

　　"依恋理论"是有关心理学概念"依恋"的一组理论。"依恋"是寻求与某人（抚养者，主要指母亲）的亲密，并当其在场时或内在的母亲让其感觉安全的心理倾向。

　　依恋理论最初由英国精神分析师约翰·鲍尔比（Bowlby）提出，他试图理解婴儿与父母相分离后所体验到的强烈苦恼。鲍尔比观察到，被分离的婴儿会以极端的方式（如哭喊、紧抓不放、疯狂地寻找）力图抵抗与父母的分离或靠近不见了的父母。在当时，精神分析著述者们认为婴儿的这些表达是婴儿仍不成熟的防御机制的表现，它们被调动起来，以抑制情感痛苦。但鲍尔比指出，在许多哺乳动物中，这种表达是很常见的，他认为这些行为可能具有生物进化意义上的功能。

　　鲍尔比依据行为理论做出假定：这些依恋行为，如哭喊和搜寻，是与原有依恋对象（即提供支持、保护和照顾的主要抚养者）相分离后产生的适应性反应。之所以出现这种反应，是因为人类和其他哺乳动物幼儿都不能自己获取食物和保护自己，他们都依赖于年长而聪明的成年个体提供照顾和保护。鲍尔比认为，在进化的过程中，能够与一个依恋对象维持亲近关系（通过看起来可爱或借助依恋行为来维持）的婴儿更有可能生存到生殖年龄。在鲍尔比看来，自然选择渐渐地设计出一套他称之为"依恋行为系统"的动机控制系统，用以调整与所依恋对象的亲近关系。

依恋行为系统是依恋理论中的重要概念。鲍尔比认为，依恋系统在实质上是要询问这样一些根本性问题：所依恋的对象在附近吗？他接受我吗？他关注我吗？如果孩子察觉到这个问题的答案为"是"，则会感到被爱、安全、自信，并会从事探索周围环境、与他人玩耍以及交际的行为。但是，如果孩子察觉到这个问题的答案为"否"，则会体验到焦虑，并且表现出各种依恋行为：从用眼睛搜寻到主动跟随和呼喊。这些行为会一直持续下去，直到孩子重新建立与所依恋对象足够的身体或心理亲近水平，或者直到孩子"精疲力竭"，后者会出现在长时间的分离或失踪的情境中。鲍尔比相信，在这种无助的情境中，孩子会体验到失望和抑郁。

哈里·哈洛和罗伯特·齐默曼于1959年发表了研究结果，证明舒适的刺激比喂食对依恋的形成更为重要。实验中的小猴子从出生第一天就离开母猴，在165天的时间里交给两个代理母猴照看，一个是由金属编织成的母猴，另一个是绒布制成的母猴。小猴究竟会更依恋哪只母猴？实验发现，小猴大部分时间待在绒布母猴身边，只有在进食时待在铁丝母猴身边；当小猴受到惊吓时，所有的小猴都待在绒布母猴身边。

　　这个实验让我想起在妈妈QQ群里的一次聊天。有位妈妈有些得意地说起孩子（孩子才3岁多）很乖，说她经常打孩子，可孩子有一次对妈妈说："妈妈，你就是打我我也爱你!"她的言语之中很是得意。可我却联想起上面实验中的那只小猴，觉得孩子真可怜!

　　心理学家安斯沃斯设计了一个被称为"陌生情境"的实验，以观察人类母亲和儿童间的依恋关系。在实验过程中，安斯沃斯设计下面的几种情境：①母亲和孩子在游戏，然后有陌生人加入；②母亲离开，留下陌生人和孩子在一起；③母亲回来，陌生人离开，母亲和孩子一起；④母亲离开，留下孩子单独呆在房间；⑤陌生人返回，和孩子在一起；⑥母亲返回，与孩子重聚。该实验着重观察"陌生情境"中孩子从事的探索行为，以及孩子对母亲的行为反应。

　　安斯沃斯基于孩子在这些情境的行为表现，将孩子的依恋风格分成四种类型。安全型依恋的孩子在妈妈在场时能够自由地玩耍、与陌生人打交道。当妈妈离开时情绪上会有些不安，但是很快就能被安抚下来。等到妈妈回来时，能高兴地迎接妈妈，得到妈妈的安抚后又能接着继续玩。回避型依恋的孩子无论是妈妈离去时还是妈妈回来时，孩子都表现出淡漠的态度，不哭也不闹，表现出较少的探索行为。矛盾型依恋的孩子即使在妈妈在场时，对探索行为和陌生人也表现出不安感。在妈妈离开时，有强烈的情绪反应，哭闹得非常厉害，很难被安抚。等到妈妈回来时，好像刚才的情绪没有散去一样，没有像别的孩子那样表现出高兴情绪，反而有怨恨情绪。安全型依恋的孩子在成长过程中得到了很好的照看，表现出很好的安全感，即便妈妈不在时也能非常专注地玩，和妈妈的互动表现得亲切而又自然。

矛盾型依恋的孩子表现有些奇怪，妈妈走的时候情绪反应剧烈，不愿意让妈妈离开；而妈妈回来的时候，却表现出不欢迎的态度。这与妈妈在抚养孩子时，给予孩子太多不确定感有关系，让孩子为妈妈的离开体验到强烈的焦虑。回避型依恋的孩子，其实本质上并没有与妈妈建立依恋关系，妈妈在抚养孩子的过程中，缺少陪伴或者没有太多的亲昵互动，导致孩子与妈妈的关系比较淡漠。孩子并不是不在乎妈妈的离开，而是不敢奢望妈妈能照顾到自己的感受。

还存在第四种类型，即所谓的"紊乱依恋"。紊乱依恋不是一种依恋风格，因为它是连贯风格或应对模式的缺乏。矛盾和回避风格虽然不是完全有效，但它们仍是应付世界的策略。紊乱依恋型儿童把照看者体验为温和慈爱的，又有时感受到照看者是惊吓又吓人的。这种情形的出现与照看者有虐待行为、忽视行为、情绪无常有关。亲子互动体验为无规律的，因而儿童无法形成连贯的交际模式。如果儿童借助照看者来反映、理解自己，紊乱儿童就是在观看破裂为无数碎片的镜子。这比后天无助更严重，因为它是自我而非情境的模板。

安斯沃斯认为依恋的质量很大程度上取决于照看者的特质。促进建立安全依恋关系的照看者一般具有以下特点：①敏感性，对婴儿发出的信号能给予及时、准确的回应；②积极态度，经常对婴儿表达积极的情感和喜爱；③同步性，照看者能与婴儿的感受和情绪同步，进行平稳、互惠的活动。④亲密，照看者和婴儿情感链结紧，进行亲密互动；⑤支持，及时地参与婴儿的活动，并提供情感上的支持。⑥刺激，经常把自己的行为投注

在孩子身上。

　　有些照看者因为缺乏敏感性，因而不易建立安全的依恋关系。常见的有照看者如果患有抑郁，则婴儿无例外地会形成某种类型的不安全依恋。这与抑郁的照看者容易忽视婴儿发出的信号有关。那么童年期就缺乏爱、被忽视、被虐待的照看者，还有那些意外怀孕的和不想要孩子的照看者也容易缺乏敏感性，从而不易建立安全的依恋关系。

# 第二篇
## 1~3岁孩子的成长与抚育

中国的父母喜欢用"一把屎一把尿把孩子拉扯大"来描述养育孩子的不容易。但必须承认的是，孩子成就了我们人生的圆满和幸福。如果没有孩子，我们无法想象生活该如何继续下去。养育孩子不能光想着自己怎么轻松怎么来，即便很辛劳，我们要想的也应该是怎么有利于孩子的成长怎么来。

# 自主发展

> 如果呵护孩子这种自主性的发展，孩子将来的自主能力就将得到发展；反之，孩子就会变得羞怯，对自己的能力没有自信，做事缺乏主动性。

孩子到了 1 岁左右，诸多能力都得到了长足发展。最为突出的一个能力就是大部分孩子都能蹦出单字音节来。孩子无意识的 ba、ma 等单字音节的蹦出被父母等照看者无限度地、兴奋地放大，他们激动地大喊：孩子知道叫我 baba（mama）了！抚养者剧烈的行为反应强化孩子再次吐出 ba、ma 这些单字来，于是有些符合社会文化的语词因为得到不断强化而保留下来。随着年龄的增长，孩子慢慢地掌握了他生于斯的文化符号——语言。

1 岁左右的孩子还有一项能力的发展最被养育者关注，那就是行走能力。不同的孩子或迟或早都在 1 岁左右学会了走路。正如社会发展史强调人直立行走的意义一样，会走路对孩子而言也是意义重大。在这之前，孩子受限于行走能力没有发育成熟，活动范围非常有限。等到终于会走路了，那个高兴啊，天天跟跟跄跄地四处走动。不过，孩子高兴了，妈妈却高兴不起来。走路都还没有走好的小家伙，对周围所有的一切都充满着好奇心，不知轻重地触摸、感知所有的东西，给照看者带来了很多麻烦。个中的辛苦可以从妈妈的一句玩笑话中看出来："唉，还不如塞回肚子里！"一方面是孩子自以为自己有本事了，四处好奇地探索周围的世界，还不想让人管着；另一方面是养育者生怕孩子不知轻重把自己伤着。埃里克森认为这个时期要解决的发展问题是自主对羞怯。孩子这个时候，什么都想自己来。如果呵护孩子这种自主性的发展，孩子将来的自主能力就将得到发展；反之，孩子就会变得羞怯，对自己的能力没有自信，做事缺乏主动性。

正因为这个阶段对自主性发展的需要，孩子做事情有些执拗，心理学家也将1~3岁这段时期称为第一逆反期，以区别青春期（第二逆反期）。这个时期的孩子有时候执拗得让家长觉得不可理喻。比如说，我回家的时候敲门，只听到孩子在里头说："我来开门！"结果因为是妈妈去开的门，孩子就哭开了，死活不让，非得他来开门。如果家长不懂得孩子的心理发展规律，肯定会觉得孩子无理取闹，甚至苛责。这样就会给孩子带来负面的感受，经常这样的话还容易挫伤孩子的自主性。反之，如果家长懂得这方面的知识，倒回去，重新敲门，让孩子来开又何妨？其实，在这个时期，随着孩子诸多能力的发展，孩子会觉得自己长了不少本领，所有事情都喜欢自己去尝试，看看自己的掌控能力有多强。这些尝试的行为如果总是得到抚养者的鼓励，孩子的自主性就能得到充分发展。反之，孩子动任何东西，尝试任何事物，总是有个声音在旁边提醒他："不许动！你弄不好！""不要动！就知道给我添乱！""哎呀，别动！太脏了!"如果孩子是在这么一个养育者营造的氛围下长大,孩子就会变得羞怯,对自己没有信心,容易否定自己的能力,做什么事都不敢尝试。

在有些老人眼里,听话的孩子最好了。他们总是用这样的语言描述:哎呀,你们家的孩子真听话!不乱跑也不乱动,老老实实的,一点都不调皮!可是,在我眼里,孩子太乖未必是好事。我们家的孩子1岁半之前白天交给保姆带,保姆是一个性格非常内向的人,平时就在家待着,很少带孩子出去玩。保姆走了之后,我发现孩子非常老实,我们坐哪儿孩子就紧挨着我们坐着,不像别的孩子,四处走,寻找感兴趣的事物玩。一个1岁多的孩子陪着老人晒太阳,那是一件非常可怕的事情!为此,我和他妈妈费了很长时间,才将孩子调整过来。

老人说听话的孩子好,是站在孩子好带不费事的角度讲的。他们因为精力有限,跟不上调皮的孩子,所以希望孩子能听话老实一点,这样便于自己照看。

如果照看者把孩子限制住,不让孩子去主动探索未知的世界,不鼓励孩子尝试新事物,不仅会影响孩子自主性的发展,还会妨碍孩子能力的发展。做父母的不要以为知识和能力的发展只发生在学校环境中。其实,从生命的最初开始,孩子就在不断地学习,只是在那个阶段,孩子还没有很好地掌握语言和抽象概念。孩子的学习来自生活,来自他对未知世界的主动感知和探索。

举个例子,要认识苹果这个物体,孩子最初是调动自己的各种感官去感知苹果,从中获得外形、颜色、触感、口感等各种特质,从而建立经验,并且与"苹果"这个概念建立联系,进而能够在诸多水果中识别出苹果来。概念和实物的联系,来自于孩子五官的感知,从而使其能够牢固地记忆、识别这个事物。如果你从来没看过、摸过、吃过苹果，当我告诉你苹果这个概念时，你肯定会感到模糊，进行记忆时，记忆痕迹肯定不会深刻。

从脑科学的最新研究进展来看，决定一个人聪明与否的并不是脑细胞数量的多少，而是脑细胞之间神经链接的丰富与否。如果脑细胞之间的神经链接多，大脑皮质就会增厚，从而影响智力水平。而脑细胞之间神经链接的多少，取决于孩子感知、探索这个世界的多少。如果一个孩子总是被鼓励去感知、探索新鲜事物，他脑细胞之间的神经链接就会增多。反之，如果说你不鼓励孩子去触碰、去感知这世界，细胞与细胞之间是孤立的，从而无法建立链接。

也有心理学家做过实验，研究不同地域的养育方式对孩子智力水平的影响。对照组之一为客家人的养育方式。客家人为了方便干农活，总是把孩子背在身上。可是这样一来，孩子就被束缚在妈妈的背上，缺少下地走动的机会。研究发现，以客家人的养育方式养育的孩子平均智商低于一般家庭养育的孩子，但没有达到显著差异。对照组之二是渔民的养育方式。以前的渔民贫苦，孩子出生之后，就一直待在船舱里，方寸之间没有多少事物可以感知接触。研究发现，渔民养育方式养育的孩子平均智商低于一般家庭养育的孩子，且呈现显著差异。从这个研究也可以看出，鼓励孩子去感知探索事物更有利于孩子智力的发展。

# 如厕与强迫障碍

> 不要因为孩子控制不好尿湿了裤子而责骂，那不取决于孩子的主观意志，而是取决于孩子生理机能是否发育成熟。过度要求孩子容易导致孩子形成肛欲期人格，也就是容易出现强迫倾向。

1～3岁这个阶段，有一个有意思的关注点是"如厕训练"。孩子年龄太小，不能很好地控制自己的排尿排便，一旦尿湿了、拉脏了，父母就得赶紧洗。刚出生那段时间更是累得够呛，因为更换的尿布有限，孩子排尿排便的频次又高，为了保证更换及时，有时即便是深更半夜也得起来给孩子洗尿布。中国老百姓强调养孩子不容易就老是拿这件事来当典型："我一把屎一把尿地把你拉扯大，容易吗？"即便现在尿不湿已经被普遍使用，但有些细心的父母会尽量少用，一般选择晚上用或者出门时用，更多时候还是用尿布。为了减少洗尿布的次数，省去一些麻烦，中国的家长很早就对孩子进行如厕训练。如厕训练对我们来说司空见惯，甚至没有想到别的方式，因为千百年来就是这么传承下来的。其他国家则不相同，比如在美国，就很少见到对孩子进行如厕训练，孩子一直用尿不湿直到能很好地控制自己的大小便。中国人对孩子进行的如厕训练，在美国妈妈眼里简直是太神奇了。"只见中国妈妈跑到孩子身边，抱起孩子，岔开孩子的双腿，嘴里发出'嘘'的一声，不一会儿，孩子就尿了出来！"从这段描述，你能看到在外国人眼里，中国人的如厕训练显得多么神奇。

在我们国家传承了几千年的如厕训练到底有多大用处？有位德国心理学家做过一个实验，一组孩子接受如厕训练，另一组孩子不接受如厕训练。结果发现，两组孩子几乎同时达到可以控制大小便的程度。也就是说，训练起到的作用微乎其微，大小便的控制取决于孩子生理机能的成熟。

这个研究结论对我们中国父母有什么启示？如果家长还是习惯给孩子如厕训练，该怎么做还是怎么做，不要因为孩子控制不好尿湿了裤子而责骂他。那不取决于孩子的主观意志，而是取决于孩子生理机能是否发育成熟。平时有洁癖的父母更要注意，不要因为孩子控制不好自己的排尿排便就求全责备，别动不动就责备孩子："跟你说了多少遍了，有屎有尿你就说，你就是不说。你要累死我啊！"这真是六月飞雪，比窦娥还冤啊！不是孩子不愿意，而是孩子真的做不到。过度要求孩子容易导致孩子形成肛欲期人格，也就是容易出现强迫倾向。长大了以后，这种强迫倾向表现在担心没有关门，三番五次去确认，或是老是担心没关好煤气阀门，晚上总是起来确认，等等。强迫症的特征是，明明知道不应该那样去做、那样去想，可就是控制不住。"妈妈说了，有屎有尿就应该说一声，可我就是控制不住！"你看，两种情形多类似啊！过多地苛求孩子，容易塑造出一个强迫症的孩子。有位家长对我说："哎呀，我家孩子就是这样。现在才 5 岁，就有强迫倾向。"我问："你为什么会这么认为？"她说："那天孩子进卫生间洗手，半天没有出来，我过去看看到底怎么了。结果孩子正在卫生间里挂毛巾呢，因为毛巾对角老是不齐，就一直在那扒扯。"我又问："你觉得是什么原因导致孩子这样的？"她说："孩子姥姥有洁癖，做什么事都要求高。孩子打小由姥姥带大，应该就是姥姥的养育方式影响到了孩子。"

某些研究证实，出身于会计、医生、军人、教师家庭的孩子患强迫症的比例较一般家庭的高一些。产生这样一个结果的原因可能是，家长容易将工作角色带到家庭中来，因为这些工作要求相对严谨一些。孩子在父母的影响下，也对自己要求苛刻，所以容易出现强迫倾向。

## 闲话打压教育

孩子的规则意识的建立不依赖于恐吓，也不依赖于父母的强权，因为这样建立的规则不可靠。一旦父母监控不到的时候，违规行为就容易冒头。依赖高压和强权去建立规则，是不靠谱的。

随着孩子渐渐长大，父母就要对孩子的行为做出约束。在规则和自由之间，父母该如何把握？就像上面谈到的一样，一方面是孩子有自主发展的需要，另一方面是孩子的行为和要求需要一定的约束以适应社会的需要。也就是说，如何形成孩子的规则意识并逐渐内化为家庭以及社会对各种行为举止的要求，成了这个阶段的一个发展任务。

以我个人的观点而言，孩子在两岁之前是不大需要这种训练的。毕竟两岁之前，孩子的需要几乎都是吃喝拉撒睡这类基本的生理需要，社会需要相对较少；他们的很多行为都发生在家庭内部，基本都是与家人互动，行为举止的规矩要求相对较少。两岁之后，孩子增加了不少户外活动，尤其是与家人之外的人互动增加，还经常出入一些社会场合。因此，两岁之后要慢慢强化孩子的规则意识。当然，两岁并非一个严格的时间节点，只是一个大体的时间节点。不是说满两岁的头一天就放纵不管，第二天就严格约束。任何一个行为习惯都是一个渐进养成的过程。

对于一个两岁左右的孩子而言，怎样才能帮助他建立规则意识？在孩子小的时候，约束孩子的行为其实是很容易的。一个很重要的原因是孩子的能力有限，非常需要父母协助以达成他们的意愿。有些父母感慨，怎么孩子越大越不听话了呢？原因就在于，孩子小的时候家长几乎能掌控一切，对孩子的要求和约束也很容易达成。但是孩子长大之后，随着自己能力的增长，行为能力增强了，无须大人的帮助也能达成自己的意愿。孩子的这种能力越强，父母依赖强制力建立规则的可能性越小。比如说，一两岁的时候，孩子问："爸爸，我可以吃糖吗？"大人很直接一句"不可以"，孩子就没有任何办法。对一个一岁多的孩子而言，很多糖果的包装纸他都打不开。孩子放弃自己的要求不是真的遵从了家长的意愿，而是无奈。很多家长并没有意识到这种现实情境，还很陶醉地以为是自己的权威在起作用。究其实，这种教育会逐渐失效。比如说，孩子稍大一点，就会不再请示你，而是自己偷偷地拿糖果吃。

由此引申出来，打骂的方式也是这样。打骂管不管用？肯定管用！从行为主义的角度来看，通过打骂的确能塑造孩子的某些行为。当一个行为总是伴随着一个强烈的负面刺激的时候，这一行为再次出现的可能性就会降低，甚至消退。可是，大家要注意了，这个现象成立的一个基础是：每次行为之后，总是伴随一个强烈的负面刺激——打！我想问问各位家长，你能打多久？孩子小的时候你能打，长大了你还能打吗？

孩子规则意识的建立不依赖于恐吓，也不依赖于父母的强权，因为这样建立的规则不可靠。一旦父母监控不住的时候，违规行为就容易冒头。一个好的规则意识应该存在于心中，不因为有没有监控，也不因为有没有人在，自然而然就能遵守。依赖高压和强权去建立规则，是不靠谱的。

我一直坚信打压式的教育对规则意识的建立是不可取的。打压之下，孩子要么是表面顺从，内心压抑，要么是直接对抗。这取决于孩子不同的先天特质。前者如果总是累积压抑的情绪，难免有一天会爆发的，压抑者极端情况的选择就是自杀或攻击。直接对抗者则很明显，打小就不服从管教。打压之下的遵从是为了免于惩罚，规则并不能存于心中。他在面对惩罚的时候，并不会真的从内心接受教育，更多的时候是内心犯嘀咕：

"我怎么这么倒霉！怎么就让你逮住了！"持这种心理的孩子喜欢和父母、老师玩"猫捉老鼠"的游戏。

有一次一小孩对我说："老师，我爸还想跟我玩心眼！呵呵，为了不让我玩电脑，在电脑上设密码。他哪有我懂电脑，其实我早就破解了密码。不过我爸也蛮厉害的，有一天回来一摸电脑主机箱，发现主机箱发热，于是又揍了我一顿。打那以后，每次玩电脑，我都是拿一条湿毛巾盖在主机箱上，然后搬一台风扇对着它吹。而且，我还练就了一个本领。只要楼下的楼道门一开，脚步声一响，我就知道是不是我爸回来了。只要是他，我立马打扫战场。"他得意扬扬地继续说："老师，你知道吗？到现在我爸还没有发现我玩电脑。"

不知道这孩子的父亲听到这段话会怎么想。

一位家长讲了这么一个故事。他管教孩子的方式向来简单粗暴，孩子上初中后，出现了网络成瘾的现象。刚开始也是打，见一次打一次。可是，慢慢地不管用了，孩子任你怎么打就是不说一句话。后来，他没有办法，就断绝孩子的经济来源，不给孩子零花钱。可是，有一天，网吧的老板找上门来，说孩子在网吧赊账上网。这家长气啊！网吧老板刚走，孩子恰好回来了。他抡起拳头就要揍孩子，这次孩子双手抓住了他的胳膊，把他逼到墙角。做父亲的发现自己动都不能动一下，在那个瞬间，他说，他突然觉得自己很悲哀！

其实，打压教育有效的前提是父母能控制对孩子的惩罚，往往具有不错的短期效应，却给孩子的未来发展埋下隐患。当孩子到了青春期的时候，打压教育往往就会失效。因为这个时候，打，打不得；骂，不能骂。

# 规则意识

> 好的规则意识应当存于心中，不因为是否有监控，也不因为是否有惩罚而选择是否遵守规则，而应是自然而然的行为，习惯成自然。

去过外国的人回来，经常会絮叨外国人的规则意识多么强，诸如在空旷无人的大街上，司机、行人能老老实实地等候红灯。言外之意很明白，看我们国人多半都是不守规则。尤其是监控不到的地方，原形毕露，原来怎么干还是怎么干。只有在监控存在的地方，才会做老实状。其根源在于，国人规则意识停留在"免于惩罚"的基础上，只要能逃过惩罚，就可以违反规则。在柯尔伯格的道德发展理论中，这种道德发展水平是最低等级的，只出现在低幼阶段的孩子。好的规则意识应当存于心中，不因为是否有监控，也不因为是否有惩罚而选择是否遵守规则，而应是自然而然的行为，习惯成自然。

国人之所以会形成这样的规则意识，与他们接受的教育不无关系。在家庭中，父母给孩子树立规则，更多的是依赖制造恐惧而达成的。常见的口头语是："你再不停下，看我揍不揍你？""快点藏起来，不然警察就把你抓起来了。""你要是再不听话，看你爸回来收不收拾你!"究其实，依赖制造恐惧让孩子变得听话守规则是有条件的，那就是孩子要怕这规则背后的惩罚，而且惩罚处处都在，一有违反规则的行为惩罚就马上来了。否则，规则就不是那么见效。

同样是闯红灯的行为，我们习惯使用的语言是："你不可以闯红灯，要是被警察发现了，要被处罚的!"西方人思维是："你不可以闯红灯，那样对你对别人都有危险!"前者会理解成，只要不被警察发现就好了；而后者会理解成，闯红灯是威胁自己和他人安全的违规行为。所以，我不愿看到孩子是因为惧怕我而不干什么事。因为那样我就会觉得，只要我不在场的时候，这种行为就会再冒出来。比如，有一天，我刚回到家，推开门，孩子就立马跑到电视机前关掉电视。看到这种情况，我过去温和地对孩子说："孩子，爸爸不愿意看到你这样做。如果你想看电视就看一会儿。到点了，我会叫你，你关掉就好。"过了几天，孩子姥爷说："你们出去了，到点孩子自己关掉了电视。"晚上吃饭时，我重点表扬了他的这一行为。希望采用了这样的处理方式，孩子能逐渐将"有节制地看电视"的行为内化到心中。至少到现在为止，我和孩子一说，孩子就会关上电视。

孩子上幼儿园的时候，老师和孩子们开玩笑说："老师在你们家装了监控，你们干了什么，老师都知道。"用这种方式约束孩子的行为在孩子小的时候有效，因为孩子不能辨别真假。可是，长远来看，随着孩子一天一天长大，这种方法就会失效。有些家长急切地依赖这种手段，每次管教不了孩子，就和老师通气，希望老师扮演神通广大的角色，形成对孩子行为的约束。我想问这些家长："你们想过将来怎么办吗?"

# 建立规则，要温柔地坚持

> 我们建立规则要不以牺牲孩子为代价，否则即便建立起了规则，却可能伤害了孩子。我不主张家长用语言和行为上的暴力去达成规则的建立。

　　我认为行为的约束或者说规则的建立，有两种情况。一种情况是底线行为，每个家庭的行为底线各不一样，但是所谓底线就是不允许有的某种行为，比如偷盗、欺骗、打架、骂脏话。另一种情况，我认为是有节制的行为，比如看电视、玩平板电脑等电子设备、买玩具等。

　　对于年幼的孩子而言，规则更多是指有节制的行为，但我们很多家长经常会忽视这一行为习惯的塑造。比如说，玩电子设备。现在每个家庭可供孩子接触的电子设备太多了，手机、电脑、平板电脑等。我个人的观点是，现在这个时代、这个社会，想不让孩子玩电子设备是不可能的。就像老和尚对小和尚说的那样，山下的女人是老虎。可是小和尚一下山，看到女人之后，告诉老和尚说，我还是喜欢老虎。很多事情物极必反，过度的控制可能会导致过多的放纵。控制得越厉害，将来反弹得越厉害。还有一个原因是，孩子生活在这个时代，就浸染在这个时代里。如果不玩电子设备，他就不能与同龄人共享某些话题。就像一个办公室的同事，都在看电视剧《甄嬛传》，就你一个人没有看，那你就有点难以融入。而且，电子设备也不是一无是处，利用好电子设备既能怡情，也可以学习。

同样，我也不主张一些家长随意地将电子设备交给孩子。经常能看到有些父母，自己忙着和人聊天，随手就递给孩子一个手机，自己落得一个清静。如果这种行为成为习惯，让孩子过度依赖电子设备，必定会给他的将来带来隐患。

从已有的研究来看，过分依赖电子设备会影响到孩子的智力和注意力，影响将来的学习。不信，你回想一下，当你抱着孩子在电视机前的时候，孩子更喜欢看电视剧还是广告？肯定是广告。为什么广告更能吸引孩子的注意？因为广告的画面切换得快，声音也丰富，不像电视剧那样平淡。假如孩子习惯了声像图文的信息源，将来他上学怎么办？有哪位老师讲课能像电视或者游戏那样，得怎样讲课才能吸引孩子的兴趣啊？难道老师都得像跳大神一样才能吸引孩子？如果老师不能做到那样的话，孩子上课的专注性就会受到影响。我们有理由相信，孩子很容易对老师的上课产生疲倦感、容易走神。还有，看多了电视，孩子就被动接受，不用动脑筋，不动脑筋久了，孩子的头脑肯定会受影响。试想，孩子看小说的时候，脑子里随着情节的发展有无限的想象空间，各种可能都存在。这总不像电视画面，就提供给观众那么一种情况。为什么金庸的武侠小说一搬上银屏，无论是多好的导演，总是会遭到观众铺天盖地的吐槽？很重要的原因，就是它伤害了读者的想象力。一千个读者就有一千种以上关于"降龙十八掌"的想象，可是，一搬上荧屏，只有那一种"降龙十八掌"，就会令绝大多数人失望。

那么怎样才能让孩子有节制，才能让孩子建立规则呢？

温柔地坚持！

我最早是从李子勋老师的文章中读到这个法则的。所谓温柔，我认为是"不伤害"。我们建立规则要不以牺牲孩子为代价，否则即便建立起了规则，却可能伤害了孩子。有些妈妈的语言特别有杀伤力，总是用爱去惩罚孩子："你要是再不听话，妈妈就不爱你了！""你要是再这样，妈妈就不要你了！"有这样一个案例，家长比较过分，不但这样说，还做出具体行动——把门打开，使劲把孩子往外推。孩子惊恐极了，最后用双手抱住妈妈的双腿，使劲地道歉。孩子是可能不敢了，可是当天晚上就发烧了，病好了之后，孩子就变了一个人，总是处在惊恐状态下，再也没有以前天真活泼的样子了。这是一件真事，孩子妈妈听完我的课之后哭得泣不成声，后悔自己这么粗暴地对待孩子。诸如此类的处理方式都是很容易伤害到孩子的。所以，我不主张家长用语言和行为上的暴力去达成规则的建立。

所谓坚持，就是不放弃，尤其是在孩子不断挑战你的底线的时候，你一定要坚守住你的底线，坚守你的规则。

举个例子来说，很多家长对于是否带孩子去商场往往很纠结，因为孩子总是会要求买这买那。有位家长在育儿 QQ 群里说，她现在见到商场都绕着走。可见家长不知道如何面对孩子买东西的要求。

　　建议家长带孩子去超市之前，交代一下规则（当然，每个家庭的规则不一样）。比如："宝宝，今天妈妈带你去买东西。你要听话哦，你最多只能挑选两样东西，不可以见到什么都想要哦。"到了超市，如果孩子遵守规则，挑选自己看中的东西，建议家长别干涉孩子挑选的自由。除非挑选非常不靠谱的东西（很小的孩子一般不会），否则就别挑剔孩子挑选的东西不好。一句话，在规则范围内给予孩子自由。如果孩子看花眼了，一会儿就将规则抛在九霄云外了，见什么都想要，你不答应的话，孩子又哭又闹，甚至在地上打起滚来。建议家长别做出伤害的言行，因为在大庭广众之下，很多家长最容易顾及自己的面子而不注意自己的言行。常见的一种情况是责骂孩子，不管孩子怎么哭闹，拽起来就走；或者就是恐吓孩子说："你哭吧！妈妈不要你了。"作势要走。最好的处理方式就是保持淡定，温和地对孩子说："宝宝，来之前妈妈不是和你说过吗，你只能挑选两样东西。如果你不听话的话，妈妈是不会给你买的。如果你想哭，那你就哭一会儿吧，我在这里等你，哭好了我们就走。"然后，等在一边，保持冷静。几次之后，孩子肯定就守规则了，下次一起去超市一定会很好地遵守约定。

　　有些规则不见得要遵守得那么刻板，可以有适度的弹性空间。比如说孩子看动画片，我一般会在时间快到的时候，提前告知孩子一声。到点了过去看看，如果只差几分钟动画片就结束了，就不一定非得立马关掉。我往往会说："到点了，你看完自己关掉。"对小孩，有时候我还要点"心眼"，我说："是你关掉，还是我关掉？"孩子经常痛快地说："我关吧！"好像很满足于给了他选择的自由。如果在前面言行之后，孩子依然不为所动，我就会上前关掉电视。

前面几个例子都是关于某些规则的遵守行为怎么塑造，家长有时候还特别关心怎么塑造孩子的积极行为，怎样才能消除孩子一些不好的行为。下面我谈谈自己养育孩子的一些心得。

不知道从什么时候起，我家孩子形成了很好的分享行为。在我的印象中，我们没有刻意去教育他。我寒假在外边讲课，第二天回到家，看到桌面上有块山楂，我就问是谁放在这儿的。我爱人说，那是和和昨天晚上给大家分零食的时候，给你留下的。和和就是这样，有吃的东西都是先给大人吃，最后才考虑自己。我回头想想，孩子这一行为的形成估计来自下面几个方面：

首先是榜样作用。我爱人这方面做得好，每次吃东西的时候，她都是先给老人、孩子，最后才是自己。估计孩子是看在眼里记在心里了。有一次，刚吃了晚饭，我想给和和吃香蕉，孩子边接香蕉，边环视了一下爷爷奶奶。我注意到了这个细节，猜测他是看爷爷奶奶有没有，于是赶紧拿了两根香蕉给他爷爷奶奶。有意思的是，孩子看到爷爷奶奶有了香蕉，自己才开始吃起来。

其次是强化作用。孩子在榜样的作用下，一旦有东西吃的时候，我们就提醒他先分给长辈。孩子往往都是非常高兴地做这件事，然后我们每个人又都表扬他。表扬多了，孩子就更喜欢做这件事了，从而形成了一个良性循环。

最后是方法得当。我发现很多大人教育小孩要与大人分享东西的时候，往往都带有逗弄的意味。"宝宝，你把花生分点给我吃吧！"等到孩子真的给大人吃的时候，大人又往往说："谢谢！宝宝自己吃！"弄得孩子僵在那里，不知道怎么办才好。所以，我发现有这种现象的时候，就劝大人一定要接下孩子的东西，表示感谢并赞许孩子的行为。成人之间的这种客套，这么小的孩子是不能理解的，所以在开始教育孩子学会分享的时候，不要太复杂，别搞得孩子一头雾水。

当孩子出现一个不适应行为（我们不愿意看到的行为）的时候，很多家长喜欢盯着这个行为，希望孩子能立马纠正过来。其实，当你盯着这个行为的时候，事实上是强化了这个行为。此时应采取的办法是：忽略、忽视这个目标行为；强化、赞许与目标行为相反的那个行为。

比如说，和和在幼儿园里学了一句脏话"屎蹶子"，据说是青岛话，和"臭大便"一个意思。孩子小，觉得说着很好玩；有些家长听到孩子说脏字容易反应过度。有时候，父母的反应过度，恰恰强化了孩子说脏话的行为。他觉得真好玩，一说这个，就能引起大人这么大的反应。其实，你只要很平静地说："不要说脏话！"然后，在孩子说脏话的时候假装没有听见，过一阵子，孩子就没有兴趣说了。

同样，面对一个喜欢在课堂上插科打诨的孩子，如果孩子一搞怪，老师就停下来关注他，估计他会越来越喜欢搞怪。所以老师那个时候不要关注他，如果发现他较长时间没有搞怪，要肯定他安静听课的行为，那么估计他安静下来的时间会越来越长。这就像一个人挖了一个坑，特别想看到别人掉到这个坑里，如果看到好长时间没有人掉进去，那他挖坑的劲头就会消失。

# 冰冻三尺，非一日之寒

每一个孩子都有自己的个性特点，家长要因人而异，学着做父母，学着研究自己的孩子。家长不研究孩子，孩子却把家长琢磨得透透的，不懂教育、不懂孩子的父母总是会在与孩子的交锋中败下阵来。

孩子的规则意识是一定要有的。在孩子很小的时候，规则不宜太多，随着年龄的增长，再逐步建立起各种行为举止的规则。如果放任孩子，孩子总会无法无天的。尤其是现阶段，那么多的独生子女家庭，孩子被爸爸、妈妈、爷爷、奶奶、姥姥、姥爷包围，很容易出现溺爱的现象。

有一次我在外边讲课，有一位学员前来咨询说，我有一个闺蜜，她的孩子现在 10 岁了，很让父母操心。经常要求父母买这买那的，只要父母不答应，孩子动不动就说："你们要是不答应给我买，我就从这楼上跳下去。"我开玩笑说："跳了没有？"她说："她父母哪敢不答应啊，只能满足孩子的要求。"

冰冻三尺，非一日之寒！孩子是怎样发展成现在这样的？我觉得我能想象得出来，比如说小的时候，孩子要吃糖。妈妈会说，不可以！而孩子一闹，扯开嗓子就哭起来。于是妈妈妥协了，给了孩子糖吃。

从这件事上孩子学会了什么？他发现只要一哭一闹，妈妈就会答应。所以以后只要想要什么东西，妈妈一拒绝，孩子马上就哭。妈妈怕孩子哭，立马就满足孩子。今后，说不定不等妈妈拒绝，孩子先就哭喊着要东西了。

妈妈也逐渐发现了不好的兆头，特别烦孩子哭着要东西。心想，我就不信治不了一个孩子。于是，决定要把孩子的行为纠正过来。有一天，孩子又哭起来了，妈妈决定和孩子抗争到底。孩子发现哭好像不起作用，于是就升级行为，在地上打起滚来。这个时候，爷爷看不过去了，就对妈妈说："不就是吃颗糖吗？犯得着让孩子这样吗？来，妈妈不给，爷爷给你。"

妈妈不好驳爷爷的面子，一次可能的教育转变机会就这样溜走了。"机灵"的孩子洞悉了其中的微妙，于是，一旦没有满足需要，他就哭闹外加打起滚来，因为他发现打滚真的很管用。有一天，爸爸觉得孩子这样下去不行，于是也想管管，可最后还是敌不过爷爷的"拯救"啊……孩子的行为就这样不断地交替"升级"。终于有一天，孩子发现，有一招最管用——"你们要是不给我，我就从楼上跳下去"。

唉，谁说孩子不聪明呢？孩子聪明着呢，变换招数把大人玩得团团转。

有时候，我真的感觉自己很幸运，学了心理学，多少还能克服一些原生家庭的影响，而非率性地教育孩子。

从孩子身上，我就看到了他们一些规则意识的呈现。有一天，我刚回到家，弓下腰换鞋。突然，孩子从书房出来，带着哭腔对我喊着："爸爸！你怎么就回来了。"我莫名其妙，还挺难过的，心想：怎么养了你这么一个白眼狼，还不欢迎我回来？我爱人笑着走过来说："我和孩子说了，妈妈要做饭，你可以玩一会儿电脑，不过，爸爸回来的时候，你就要关掉。结果，孩子刚打开电脑，你就回来了。"我一听，笑了，对孩子说："哦，对不起，爸爸今天回来得早了一些，你玩吧，一会儿关掉！"没想到，孩子破涕为笑，转身就进屋玩电脑了。

有一位同行感慨地说，家庭教育没有圣经。每一个孩子都有自己的个性特点，家长要因人而异，学着做父母，学着研究自己的孩子。家长不研究孩子，孩子却把家长琢磨得透透的，不懂教育、不懂孩子的父母总是会在与孩子的交锋中败下阵来。

# 第三篇

## 3～6岁孩子的成长与抚育

　　别被"树大自然直"、"孩子大了自然就好了"所迷惑，幼儿园阶段是全面评估亲子关系质量的关键期，为人父母者一定要睁开你们那双慧眼，体察孩子初入幼儿园的各种行为表现和情绪反应，帮助孩子适应新环境，修复养育中曾经有过的不足。世上没有完美的父母，直面自己的局限，勇于追求自我成长，原生家庭牢不可破的宿命，定会因为你们的成长而破除。

# 溺爱扼杀孩子的发展

> 如果幼儿的独创行为和想象力受到成人讥笑，那么幼儿就会逐渐失去自信心，使得他更倾向于生活在别人为他安排好的狭窄圈子里，缺乏自己开创幸福生活的主动性。在我国的文化影响下，孩子一直被过度保护和溺爱，所以孩子的主动性被溺爱扼杀。

跨入幼儿园阶段的一个重大变化就是，此前孩子基本上在家庭范围内活动成长，其所受到的影响主要来自家庭主要成员。到了这个年龄段，孩子受到幼儿园和家庭的双重影响：一方面是亲源性的，另一方面是师源性的。

美国著名发展心理学家埃里克森认为这一阶段要解决的主要问题是：主动对内疚的冲突。在这一阶段，如果幼儿表现出的主动探究行为受到鼓励，幼儿就会形成主动性，这就为他将来成为一个有责任感、有创造力的人奠定了基础。如果这个阶段，幼儿的独创行为和想象力受到成人讥笑，那么幼儿就会逐渐失去自信心，使得他更倾向于生活在别人为他安排好的狭窄圈子里，缺乏自己开创幸福生活的主动性。当幼儿的主动感超过内疚感时，他们就有了"目的"的品质。埃里克森把"目的"定义为："一种正视和追求有价值目标的勇气，这种勇气不为幼儿想象的失利、罪疚感和惩罚的恐惧所限制。"

考虑到中国文化的局限性，我觉得国人更要关注埃里克森提出的这个发展问题。在美国，整体的文化氛围是鼓励孩子独立自主，孩子年过18岁，家庭鼓励孩子独立，通过打工等各种方式自给自足。因此，在这种氛围下，许多家庭中的孩子在3~6岁阶段也被鼓励主动、自主，这一发展主题解决得相对好一些。而在我国的文化影响下，孩子一直被过度保护和溺爱，所以孩子的主动性被溺爱扼杀，也无怪乎我们这个时代容易产生一些啃老族。溺爱不仅会扼杀孩子的主动性，而且还会伤害孩子的存在感和价值感。一个人的一生不能自己做主，要么在无知无觉中依赖父母活着；要么就会在有知有觉中质疑自己活着的价值，进而产生抑郁。

我曾经遇到过这样一个案例，案主是一个大学生，有严重的抑郁情绪。他母亲向我倾诉说："因为孩子的抑郁，我的日子真没办法过。孩子远在离家数百公里的大学读书，他每天晚上都爬到宿舍楼的楼顶和我打电话，跟我说不想活，我是每天晚上都得不断地劝说孩子，直到孩子说：'好吧，那我下去睡觉了！'"

这孩子我见过两次，人长得非常帅气，却没有年轻人应有的朝气与活泼。从他的叙述中我了解到，他家庭条件非常好，父母都是干部，从小很溺爱他。就算现在上大学了，他都离不开父母。想进学校的篮球队，父母会跑过来找关系搞定；考试不及格，父母也过来摆平……这些事让同学们知道了，被同学嘲笑，自己感觉到被孤立。他觉得生活没有什么意思，自己什么也做不了，真不想活了！

我认为，孩子的抑郁情绪与这种过度包办的教养方式不无关系，孩子的人生完全被父母主宰、控制，孩子怎么会有自主感和存在感？

# 入园是亲子关系的试金石

入园开始阶段乃至整个幼儿园阶段，孩子表现出的分离焦虑是检验亲子关系质量的一个显性指标。

孩子长到3岁，就进入人生的另一阶段——幼儿园学习生活。3~6岁的三年间，孩子要在幼儿园度过，这也是一个身心发展变化非常快的阶段。

在这个阶段，首先容易让人想到孩子的入园适应问题。每年八九月，是诸多孩子入园适应的时期，每家幼儿园通常会有各自的安排来帮助孩子入园适应。较多的安排是开始时让孩子上半天学，慢慢过渡到上一天学。

入园开始阶段乃至整个幼儿园阶段，孩子表现出的分离焦虑是检验亲子关系质量的一个显性指标。如果用心观察，每天早上都能看到大人与孩子分离的各种情景。有些孩子带着愉快的心情上幼儿园，一路上和大人有说有笑，到了幼儿园门口的时候，能主动和老师打招呼，也能轻松自然地和大人说再见。当然，有这些表现的大多都是入园时间相对较长，已经适应了幼儿园生活的孩子。在每年8~12月份这个学期，分离的悲喜剧在小班或者小小班不断上演。既能看到有些耐心的父母和孩子沟通很好，也能看到有些家长上演犹如董存瑞炸碉堡般的悲壮！幼儿园老师从家长手上接过孩子，不管孩子哭得多厉害，很坚决地对家长说："好了，交给我就行了，你走吧！"家长总是带着不舍与不忍离开。

　　一般孩子一两个月就能慢慢适应幼儿园的生活，入园的时候较少发生哭哭啼啼的情况。如果一个孩子在很长一段时间，甚至都上到中班、大班了，依然不能很好地适应幼儿园，家长应该警惕，看看自己和孩子的亲子关系是否出问题了。可以咨询一些专业人士，在他们的指导下调整与孩子的关系。

　　观察亲子关系好坏的另一个重要场合，就是幼儿园的开放日。现在的幼儿园无论是公立园还是私立园，应该都有这样的活动。很多家长在开放日的时候都是非常积极参与的，因为既可以观摩孩子在幼儿园的学习生活，又可以借机看看幼儿园的软硬件条件。一般家长关注更多的是幼儿园的硬件条件，比如看看是否卫生，孩子中午在哪儿睡？幼儿园伙食怎么样？因为自己专业的缘故，我习惯观察的角度有些不一样，我会观察老师的教学态度，孩子上课的专注度以及亲子关系是否建立起安全感。

　　开放日那天，当家长们鱼贯而入的时候，我往往都能观察到，家长的目光在搜寻孩子，孩子们也按捺不住地开心。老师的教学活动在继续的时候，孩子们的表现就有区别了。有的孩子一直专注地听着老师讲课，只是偶尔会和家长相视而笑；有的孩子自打家长进来之后，眼睛就几乎不离开家长，眼里还隐约含着泪水，几乎没有在听课；还有的孩子非常爱搞小动作，甚至站起来四处走动。

那些没有建立安全感的亲子关系，孩子缺乏稳定感、亲密感，往往属于上述第二类。就像上文中提到的那样，家长离开孩子从来都不打招呼，而是选择偷偷溜走，这就容易使孩子缺乏安全感，所以一看到家长进来了，孩子担心家长又溜走，没有办法，于是只能用眼睛盯着家长，生怕家长再一次消失。这样的孩子，往往在开放日活动结束后，要么不让家长走，要么非得和家长一起走。

相反，那些有安全的亲子关系的孩子，即上述第一类孩子，因为家长总是给予孩子稳定一致感，每次离开孩子都提前打招呼，所以当家长来到班上的时候，孩子也表现出高兴。经验告诉他，待会儿家长离开的话，一定会告知他，所以孩子能一直专注地听课，只是偶尔和家长有会心的对视。

至于第三类孩子，做家长的一定要注意一下，如果孩子明显比其他孩子专注力差，没办法安坐在凳子上听老师讲课，要多去找找原因，看看到底是什么原因让孩子这样。在孩子年龄还比较小时，采取补救措施还是很有效的。我仔细观察过我家孩子在幼儿园的表现，孩子坐在第一排，当我们进到教室的时候，孩子立马两眼放光，开心一笑。在老师讲课过程中，孩子一直能比较专心地听，只会偶尔和我会意一笑。活动结束时，到了午餐时间，好多孩子都无法听从老师的指挥，要么缠着不让妈妈走，要么要和妈妈一起走。我看到和和第一个走到老师面前，端着餐盘，走到自己座位上吃起饭来。我走到孩子身边，俯身在孩子耳边说："和和，爸爸要走了，你在这儿好好吃饭，下午爸爸过来接你。"孩子非常爽快地说："爸爸，再见!"看到孩子这样表现，我真庆幸自己学了些心理学，能多少懂得孩子的心理。

# 帮助孩子适应入园

家长应该在孩子入园前半年左右，就给孩子做些功课。家长要以积极的情感态度送孩子入园。当孩子不愿上幼儿园的时候，家长要学会应对孩子的情绪。

家长怎样才能帮助孩子尽快地适应幼儿园的环境，缓解孩子的分离焦虑?

第一，建议家长应该在孩子入园前半年左右，就给孩子做些功课。比如说，经常带孩子去看将来要去就读的幼儿园，去看看幼儿园小朋友们的活动，让孩子从内心接受到慢慢喜欢幼儿园；给孩子描绘幼儿园的各种活动，让孩子渐渐喜欢上幼儿园；如果幼儿园允许，也可以偶尔带着孩子去幼儿园里面玩耍，让孩子熟悉环境。

第二，我们要以积极的情感态度送孩子入园。在语言能力不是很强的时候，孩子的感受能力相对更强。也就是说，在前言语期，孩子更会用感受来理解事情。有一些家长送孩子入园的时候，没有处理好自己的情绪，悲悲凄凄，好像生离死别一样。总能看到一些家长在孩子进去幼儿园之后，久久不愿离去，还老是趴在栏杆上流眼泪。俗话说"母子连心"，孩子肯定能体察到家长的这种心情。和孩子一起走在上学的路上，孩子肯定能体验到：今天肯定不是去游乐园，因为去游乐园妈妈是很开心的，妈妈那么不开心，我们是不是去一个非常可怕的地方？就家长这样的状态，孩子愿意上幼儿园才怪呢！所以，家长送孩子入园一定要带有一种愉快自然的情绪。

第三，当孩子不愿入幼儿园的时候，家长要学会应对孩子的情绪。我曾经在给幼儿园的家长讲课的时候，现场调查过一个情境性问题。我问："当孩子说：'妈妈，今天我可以不去幼儿园吗？'你们会怎么回答？"现场叫了几个家长，他们的回答都很有代表性。

一位家长站起来说："我会对孩子说，孩子，不可以！你如果不去幼儿园，妈妈就要在家陪你。妈妈陪你就不能上班，妈妈不上班的话，就没有钱给你买好吃的、好玩的！"

另一位家长说："我对孩子说，好孩子都去幼儿园，只有坏孩子才不去幼儿园。"

更有意思的是，有位家长简直就是在和孩子谈人生哲学。她说："我会对孩子说，人不是什么事情都愿意去做，很多时候，不愿意做的事情我们也得去做。"

我笑着说："效果怎么样？孩子都去了吗？"家长们回答："好说歹说，反正后来都去了。"我说："你们大家注意了没有？你们和孩子沟通的时候，都忽略了孩子的情绪，没有去处理孩子的情绪。大家只是在理性层面上和孩子沟通，即便孩子后来去上幼儿园了，大多都是心不甘情不愿的。不处理情绪为什么效果不好？其实，没有被处理的情绪并没有消失，而是堵在心里。就比如说，拿刚才一位家长的话，放到工作情境去看。如果你刚干完一项工作，主管看了看说，好员工都不会这么干！请问你的感受是什么？这句话放在谁身上都会不开心的。要是有个性有能力的员工，立马会撂挑子走人。没有去处的员工估计表面不好说什么，肚子里也肯定憋一肚子火。"

我家孩子和这些家长的孩子差不多大，举个例子来介绍一下我是怎么处理的。孩子表示不愿意去上幼儿园的时候，我一般都会蹲下来，抱着孩子说："和和，你是不是特别想在家玩？"

孩子点点头。

我说："其实爸爸也特别想在家陪你玩，可是，爸爸要上班，真的做不到。"

我继续说："这样吧！你把这几个奥特曼排好队，下午回来，爸爸和你一起玩。"

只见孩子真的将自己原来玩着的三个奥特曼排好队，然后转身，拍拍手，对我说："走吧！"

在这次处理中，我和上面三位家长的区别是：我首先去接纳孩子的感受和情绪。孩子的点头表明他的情绪得到了理解。然后，我顺着孩子刚才没有结束的游戏，给了孩子一个台阶。中国有句话说得特别好："士为知己者死！"一旦孩子的情绪被接纳、理解，孩子就更愿意配合父母的一些要求。真应了那句话"赴汤蹈火在死不辞"。虽说有些夸张，但的确管用。在亲子沟通中，如果孩子有情绪在先，不要先给孩子讲道理，应该先接纳孩子的情绪。

　　什么样的表达能接纳孩子的情绪呢？就是描绘发生的事情并附上描述这个情绪的名词。比如说："刚才小明抢走了你的玩具熊，你是不是很难过？"通过这样的沟通表达，孩子不但会更配合父母，而且慢慢地学会识别和表达自己的情绪。这将会提高孩子的情商。

# 入园的意义不在于学多少知识

> 　　在幼儿园阶段，游戏是这个年龄段孩子的主导性活动。孩子通过游戏来探索感知这个世界，通过游戏来学会与人主动交往。

　　3 岁入园，对于独生子女这一代而言，意义不同以往。有些家长觉得上幼儿园就是玩耍，不能学知识，还不如自己家老人带，将来直接上小学。也有些家长受到一些负面新闻的影响，如同惊弓之鸟，觉得好多幼儿园的老师都不好，不愿送孩子到幼儿园去。我觉得，独生子女这一代，送孩子去幼儿园最重要的意义是给孩子一些玩伴，让孩子在与同龄孩子游戏玩耍的过程中，学会与人分享、沟通、协作等。独生子女很孤单，往往家庭中都是几个大人围着一个孩子转。大人与孩子之间的互动，总归是不平等的，它无法替代同龄人交往中出现的争执、妥协、打闹、友爱、互助等。

有一位朋友，家里养了一对双胞胎女儿。有一次他们夫妻俩带着女儿去同事家玩，一进门就发现鞋柜上有一双小孩的拖鞋很漂亮，于是两姐妹为了争执谁穿这双拖鞋闹得不可开交，最终她们通过自己的方式达成一致，胜利的一方开心地穿着拖鞋玩了起来。那同事看得目瞪口呆，对那妈妈说："孩子们都快打起来了，你怎么不管管？"那妈妈非常淡定地说："没事，习惯了。"可见，多子女的家庭中，孩子在互动中学会了各种人际技巧和处事法则。对独生子女家庭来说，送孩子去幼儿园最重要的意义就是提供了与同龄人互动交往的环境，孩子在其中能得到社会性发展。

至于孩子在幼儿园能不能学到知识，我觉得不是很重要。因为在幼儿园阶段，游戏是这个年龄段孩子的主导性活动。孩子通过游戏来探索感知这个世界，通过游戏来学会与人互动交往。教育部最近发文明确规定，幼儿教育不能小学化。现实情况却是"上有政策，下有对策"。更有意思的是，一个愿打，一个愿挨，幼儿园和家长都希望孩子能提前学习一些知识，希望"不让孩子输在起跑线上"。

其实，从脑科学的研究来看，对幼儿的教育确实不宜小学化。相信大家对大脑两半球功能单侧化不陌生，是指左脑控制右侧身体，右脑控制左侧身体。大脑两半球有着各自的功能优势。左脑的主要功能是言语、逻辑思维等，右脑的主要功能是形象、想象力等。右脑是人的原始脑，在不被干预的情况下，右脑先得到发育发展。所以，大家从经验中能发现，小孩子的形象思维好，具有很好的想象力。如果过早开发人的左脑，那就是过早开发人的言语能力和逻辑思维能力，这会使得右脑的功能发展受到抑制，也就使形象思维能力和想象力被抑制而得不到发展。

## 家庭中的三角关系

> 爱自己孩子最好的方式是爱孩子的爸爸或妈妈。的确，夫妻关系和睦能提供孩子成长最好的土壤、养分和光照。夫妻关系好的家庭，孩子再差也差不到哪儿去，而问题孩子的背后却总是能看到他家庭的问题。

3~6岁被著名心理学家弗洛伊德称为性蕾期，这个阶段是孩子对性别和婚姻的敏感期。细心的父母可以观察到，在这个时期，孩子对两性的差异特别感兴趣。养男孩的父母估计听到过孩子对妈妈说："妈妈，我要和你结婚。"养女儿的父母估计也听到过孩子对爸爸说："爸爸，我要和你结婚。"在这个时期，也经常能看到孩子玩过家家的游戏，在游戏中体验两性的不同角色。这个时期，父母也能看到女孩对妈妈的高跟鞋、口红这一类女性用品产生浓厚兴趣；男孩对爸爸的剃须刀、烟具等男性特征显著的用具产生浓厚兴趣。这些现象都说明，孩子处在一个对性别、婚姻敏感的时期。

弗洛伊德认为，在这个时期，女孩有恋父情结，男孩有恋母情结。女孩想和爸爸结婚，可是她观察到，这种想法是不可能的，于是就转而认同妈妈，通过认同妈妈希望将来能嫁一个像爸爸那样的男人。同理，男孩想和妈妈结婚，可是却发现爸爸和妈妈是最亲近的人，爸爸的存在形成了对孩子的威慑。当发现这个想法不现实的时候，他就会认同爸爸，从而希望有朝一日能娶个像妈妈那样的女人。在这样一个时期，如果孩子没有一个很好的认同对象，他就容易出现性别认同方面的麻烦，或者影响孩子将来的婚姻。比如说，在一个家庭的三角关系中，妈妈和孩子形成了同盟，而且妈妈肆意否定父亲，总是在孩子面前贬低爸爸。孩子本来想认同爸爸，却因为爸爸无法在孩子心中建立积极正面的形象，于是，孩子可能会形成对自己性别的羞耻感，而不想成为一个男人，或者是对婚姻无法建立积极的观感，从而不想走入婚姻的殿堂。

曾经有位妈妈，因为每次和婆婆发生冲突的时候自己的丈夫总是站在婆婆那边，所以，她生气难过的时候，总是对着自己年幼的孩子倾诉。未曾想这么一个无心的行为，导致孩子后来非常恨爸爸，最后不得不求助于心理医生。养育女儿的家庭也是一样，对女儿而言，爸爸代表了未来的男人世界。如果妈妈总是在孩子面前贬低、数落丈夫，动不动就说："这世界没有一个男人是好的！""男人都是骗子，都不值得信任！"等到孩子长大，她已经内化了妈妈对男人的评价。你们想想，这个女儿会怎么做？自然是憎恶男人，不愿意和男人在一起，更不用说结婚了。

当婚姻中的双方不得已要选择分手的时候，我觉得夫妻之间应本着有利于孩子身心发展的原则，给予孩子正常乃至积极的爱。不要双方相互嫌恶，恶语相向，尤其不能把孩子牵扯进来。离异的家庭并不见得孩子会发展不好，我们也经常能看见一些单亲妈妈把孩子培养得特别好，这很大程度上取决于妈妈的处理方式。比如说，美国总统奥巴马也是来自一个单亲家庭，但是，奥巴马的妈妈非常伟大，她从来不在孩子面前埋怨爸爸，相反，还给孩子虚构了一个伟大的父亲形象。奥巴马后来认同了妈妈塑造的伟大爸爸，自己也不断向上追求，最终当选美国总统。

如果说，孩子在 0～3 岁时，爸爸的重要性还不是那么明显的话，那么在孩子 3～6 岁的时候，爸爸一定要参与到孩子的教育当中。

当下的社会现实是，养育孩子好像都是妈妈的事情，爸爸只管挣钱养家。所以，通常在家庭教育讲座中，很少能看到父亲的身影。我有一个朋友从美国回来做公益性的家庭教育讲座，每次都要求父母同时过来，可最终能一起来的少之又少。他对这一现象觉得奇怪：难道养育孩子只是母亲的责任吗？有些爸爸也是如此认为，当孩子表现好的时候，他会说："你看看我们的孩子，多棒！"当孩子表现不好的时候，立马就会对妻子说："你看你，把这孩子惯得！"把养育孩子的责任撇得一干二净。问题是，不少全职妈妈也是这么认为的，觉得自己不挣钱，老公在外边辛辛苦苦挣钱，自己怎么就不能把孩子带好？究其实，孩子的好与坏，不是母亲一个人的事。

最近微信朋友圈上疯传一句话：爱自己孩子最好的方式是爱孩子的爸爸或妈妈。的确，夫妻关系和睦能提供孩子成长最好的土壤、养分和光照。夫妻关系好的家庭，孩子再差也差不到哪儿去，而问题孩子的背后却总是能看到他家庭的问题。

# 敏感期的能力发展与开发

> 　　除了语言能力之外，心理学家认为注意力、观察力、记忆力、思维力和想象力构成了一般智力的核心特质。这些能力是人类从事一切活动都应该具备的基础。

　　现在谈谈孩子3~6岁阶段能力发展的话题。以中国家长的习惯来说，估计最关心、最着急的就是孩子的能力发展了，恨不得早早就将孩子的各种能力开发出来。"不让孩子输在起跑线上"的观念不知让多少家长疲于奔命，急匆匆地带着孩子行走在各种特长学习的路上。

　　其实，从出生开始，孩子的各种能力就不断地得到发展，最容易为家长观察到的就是动作发展能力，其次是语言能力。孩子的各种心理特质的发展大体遵循一个有序的程式，呈现出一定的规律性。但是，个体差异也是非常大的，在其中的某个特定时期，孩子会生发和形成某种能力，一旦错过这个时期，这一能力就不易形成，心理学家称之为"敏感期"。

　　1 岁左右，很多孩子开始出现语言能力，在咿咿呀呀中，某些符合文化要求的音节或者词汇会得到强化从而保留下来。正如前文说的 baba、mama 等音节最容易得到抚养者的强化，从而保留下来，并赋予意义。随着慢慢长大，孩子会慢慢出现电报语。平均在 2 岁左右，孩子能说出包含主语、谓语、宾语的完整句子。

　　我同事的孩子，竟然在 1 岁左右就能说出完整的句子，那算是非常早的了。有一天，我同事拿了一个摄像机过来，对我说："刘老师，你看，我家宝宝能说出完整的句子呢！"我一看，那可不！在录像里，孩子手里拿着奶瓶，喊着："爷爷，给我冲奶喝！"这么小就能说出完整的句子来，实在是不多见。因为大家都学习心理学，于是就讨论起来：为什么他们家孩子说话那么早？得出的结论是：孩子的照看者——爷爷，是一个"话痨"，带着孩子的时候，总是有说不完的话，甚至见到车牌号，都要给孩子念出来。因为照看者给了孩子丰富的语音刺激，所以孩子的语言能力发展得比别的孩子早。

　　有一次，我在一所学校讲课，谈及此例时，一位老师特别认同这个观点，还给我们讲了另一个生动的例子。他说，他们亲戚家有个孩子，从小让奶奶带大。奶奶是一个哑巴，孩子跟着她，两岁多了还不会说一句话。想来想去，估计和抚养者是哑巴有关，于是就更换了一个抚养者。有意思的是，孩子半年后很快就能说出很多话来，和其他孩子无异。好在他们给孩子更换得早，否则错过了语言能力的最佳发展时期，恐怕就没有那么幸运了。

　　语言环境提供的刺激对孩子掌握语言来说，实在太重要了。我家孩子小的时候，我们给他看动画片《爱探险的朵拉》，对白是"夹生饭"（汉语中夹杂着英语）。没有想到的是，孩子话都说得不顺畅的时候，有一天竟然蹦出一个英语单词"open"来，那是动画片当中出现的词。慢慢地我们发现孩子能说出来的英语词汇越来越多，甚至有些汉语词汇都还不会说，却掌握了英语词汇。有一次，孩子（那时候才2岁多）拿着一些卡片在玩。旁边正好有个年龄差不多大的孩子想参与进来玩，我家孩子模仿着《爱探险的朵拉》里头的台词，数着卡片，"One! Two! Three! Four..."旁边的孩子像看外星人一样看着我家孩子，觉得没意思，转身就走了。我家孩子还在后面使劲喊："Wait! Wait!"我在旁边看着，忍不住也乐了。

除了语言能力之外，心理学家认为注意力、观察力、记忆力、思维力和想象力构成了一般智力的核心特质。这些能力是人类从事一切活动都应该具备的基础。可是，我们很多家长单单关注记忆力，给了记忆力太高的地位。诚然，记忆力是非常重要的，没有它，人类就无法进行思考、推断和研究。但是，有些家长却将它强调到无以复加的地步。于是乎，逼着孩子背诵儿歌、唐诗宋词、《三字经》等。孩子在很小的时候，尚处在音频记忆阶段，对记住的东西还不能很好地理解。所以，我觉得上述家长的做法意义不大。

我曾经问孩子："'苟不教，性乃迁'是不是小狗不叫，性乃迁啊？"孩子说："对啊！对啊！"

我也逗过当时只有两岁的侄儿，我说："你妈妈去哪儿了？"我侄儿一边用手转动着画圈，一边说："我妈妈赚钱去了！"（孩子把"赚钱"的"赚"字理解为

"转动"的"转"字）。

其实，除了记忆力，还有一些能力也很重要。比如观察力，没有观察，就没有记忆的对象或者说没有记忆的材料。可是，我们家长在孩子小的时候，并不是太注意去培养孩子的观察力。举个例子说，我们现在很多家庭都给孩子用婴儿车，我个人觉得婴儿车的用处在于大人抱不动孩子的时候用。可是，很多家庭特别喜欢用婴儿车，无论走到哪儿都使用，却不知过度使用婴儿车不利于培养孩子的观察力。因为当把孩子放在婴儿车里时，孩子和大人的物理视线是不同一的。大人观察不到孩子在看什么，也不知道孩子对什么感兴趣。在这种情况下，孩子看什么完全由大人主导。可是，大人喜欢的不见得孩子喜欢。很有可能当你说"孩子看！这花多漂亮啊"时，或许在孩子那个角度，根本就看不到花，只能看到叶子。此外，过多使用婴儿车，不抱孩子，还会减少与孩子的亲密互动。

更有一些婴儿照看者，喜欢扎堆聊天，对她们而言，出来不是给宝宝找玩伴，而是给自己找聊天的对象。于是，搬个马扎子，和别人聊个不停，一坐就是好几个小时，孩子就被扔在婴儿车上，目力所及非常有限。这容易让我联想到一个成语——坐井观天。如果照看者能多抱抱孩子，抱着孩子四处走动，你会发现，当抱着孩子的时候，孩子和你共享物理视线，你很容易就能观察到孩子在看什么，对什么感兴趣。一旦发现孩子喜欢什么，你就可以做个很好的讲解员，并陪着孩子静静地观察。直到孩子看够了，再抱着孩子转移阵地。

或许是从小注重观察力的培养，我家孩子的观察力还是不错的。经常开车经过的路，无论是白天经过的还是晚上经过的，当重复路过的时候，他往往能辨别出来。还有一次，我们全家开车外出赴宴。当车驶入地下车库时，因为第一次去，有些陌生，不知道怎样找车位。孩子突然说："爸爸！红灯下面都停了车，绿灯下面车位空着。"我一看，可不是嘛，于是借着这个机会夸奖孩子的观察力强，希望他能继续保持卜去。

　　注意力的重要性不言而喻，不专注就无法学习。至于思维力，它有内在的发展规律，我们能左右的很少。想象力更是如此，不适合的教育只会损伤它。那怎么样才能培养孩子的注意力呢？绝大部分孩子都有着不错的注意力，之所以后来有些孩子注意力不好了，是因为它与教养方式有很大的关系。有些家长，从来都不注意呵护孩子的专注时间。任何时候，只要自己觉得有必要，就不管孩子多专心地在做事情，总是打断孩子，说："宝宝！来！喝口水！""宝宝！来！吃口饭！"甚至，过早地强调规则的重要性，有些家长觉得一叫孩子吃饭，孩子就得过来，无论孩子在干什么。本来孩子是正在非常投入和专注地玩积木的，说等拼完再过去。不行有些家长却觉得孩子不积极回应就是大逆不道。可等孩子长大了，家长可能会抱怨：怎么别人家的孩子都能那么专注地做事，甚至废寝忘食，我们家孩子就做不到呢？真可谓咎由自取，孩子小的时候是想保持专注，可是，你不是不让吗？

# 积极关注：善于看到孩子的
## 积极面

> 　　教师和家长对孩子的积极关注能让孩子的爱和
> 尊重的需要得到满足，从而引发孩子更多积极、正
> 面行为的出现。善教育者能够激发孩子的学习兴趣，
> 培养孩子的积极情感。不善教育者，刻板生硬，极
> 有可能早早就扼杀了孩子的学习情感。

　　人本主义心理学家罗杰斯认为以往的心理治疗流派过于强调心理上出现的问题，忽视人的自主与积极的一面。无条件积极关注是人本主义心理治疗的原则之一，咨询师对来访者的无条件积极关注将把来访者导向关注自身具有的正向的、积极的部分，从而促进来访者的自我和谐。它对教育的影响是：教师和家长对孩子的积极关注能让孩子的爱和尊重的需要得到满足，从而引发孩子更多积极、正面行为的出现。

　　我家孩子上大班的时候，老师开始让孩子们写数字和拼音。正如我前面说的，能完全执行教育部"幼儿教育不能小学化"的规定的幼儿园少之又少。一方面是别的幼儿园都在学，就你不学不行；另一方面家长也传递着焦虑给幼儿园。真要学一些也无所谓，别把孩子的兴

趣扼杀了就行。可是，不见得所有老师都知道怎么引领孩子，我就曾经遇到过这么一个老师。对一个大班的孩子而言，手部肌肉并没有发育好，孩子刚开始写字的时候肯定不可能写得很好。所以，孩子刚开始写字的时候，特别需要老师和家长的鼓励。我们家孩子刚开始写数字，折腾了一晚上才写完，第二天交上去的作业竟然都被老师用橡皮擦掉了，要求重写。看到这样，不要说孩子难受，我都焦虑了、急了。我知道老师这样的方式对孩子不好，可又不知道该怎么处理。如果直接给老师建议，又怕弄巧成拙。于是，我就到班上QQ群里看了看，结果发现别的家长也遇到类似的问题。我就在QQ群里给大家讲了一个故事：

有一次我参加一个亲子旅游活动。在车上，组织者给每个孩子写姓名帖，贴在孩子胸前。我看了看，哇，组织者的字写得很漂亮啊！我因为平时爱练字，于是就上前和她攀谈起来。我说："真没有想到，你一个女孩子字写得那么漂亮！我很少见过女孩子写字这么好的。"

我看了看她身边的小女孩说："你也让你家的孩子学书法了吗？"

没想到，她着急地说："刘老师，你是学心理学的，我正想问你呢。我家孩子学了一个月书法就放弃了，再也没有拾起来。不知道怎么回事。"

我说："孩子写好一页字的时候，你一般怎么和孩子沟通的？"

她说："我一般会把孩子写得不好的那些字指出来，并且告诉她怎么写。然后，让孩子多写几遍。"

我说："哦，难怪呢！我小的时候遇到一位好老师，是我的启蒙老师。我们写好一页字的时候，老师往往都是找出其中写得漂亮的几个字，夸奖一番。然后让我们照着这些字多写几遍。结果我们都很乐意上他的写字课，而我多年来也一直坚持练字。"

很有意思的是，第二天，我们孩子的作业本上就出现了几个对勾。看来老师是一个爱学习的人，很快就知道该怎么处理了。我孩子很幸运，遇到了这么一个爱学习、会学习的老师！

教学是一门艺术，善教育者能够激发孩子的学习兴趣，培养孩子的积极情感。不善教育者，刻板生硬，极有可能早早就扼杀了孩子的学习情感。

作为家长，在陪伴孩子学习的过程中，也是需要智慧的。有一天晚上，我因为辅导一个朋友的孩子，回到家孩子已经睡了。我爱人向我叙述了孩子写作业的过程。孩子周末的作业不少，算术题写满了一张 A4 纸，孩子做得厌倦了，就让妈妈讲个故事帮助他做作业。妈妈就和孩子说："外星人要攻打地球了，地球人只有打开防护罩才能抵挡外星人的攻击。防护罩上的密码就是这些题的答案，如果把这些题算出来了，找到密码，就能打败外星人，拯救人类。"孩子立马说："好嘞！"结果一会儿就写完了作业，而且准确率非常高。

我爱人笑着对我说："孩子真有意思，换个说法就那么起劲。"其实，我也赞叹他妈妈的智慧，要我还真想不出这样的方式来！

# 第四篇
## 6~12岁孩子的成长与抚育

智慧的妈妈应该知道培养孩子积极的学习情感、养成良好的学习习惯远胜过其他，成绩只不过是它们的伴生物而已。众多孩子在初、高中阶段出现撂挑子不学习的状况，与家长过分在乎成绩不无关系。

进入6~12岁阶段，孩子步入了正式的求学生涯。过来人估计都很清楚，幼儿园与小学不可相提并论。幼儿园几乎就是在游戏、玩耍中长大，没有学习任务，没有严厉的规则约束，没有成绩的相互比较。而到了小学，这些方面都发生了巨大的变化。每天需要学习知识、必须严格遵守各种规章制度、考试成绩不好会有压力。很多家长在孩子上小学后，内心的冲突和焦虑指数就陡然上升。

# 该不该让孩子早上学?

> 单纯让孩子提前上学或者跳级并不能解决问题。孩子的情商与智商的发展可能存在着不同步、孩子进入新环境的适应,这些都需要家长注意了。正如一个在体育、艺术上有天赋的孩子一样,任何一个方面的天才的成长,家长在其中的付出都比培养一个普通孩子要付出得多得多。

我国实行九年义务教育后,在义务教育体制下,我国儿童的入学年龄都是以生理年龄为标准,界定依据是户口本上登记的出生日期。改革开放以来,我国的小学入学年龄从 7 岁变成了 6 岁。这一调整的依据是随着生活水平提高,孩子整体认知水平提高,6 岁孩子也能接受一年级的知识。许多西方国家儿童的入学年龄界定在 5 岁,主要是因为这些国家文字不同于汉语,是由字母构成的,易于辨认和书写。而汉字相对而言,对视觉辨认和精细肌肉的要求高很多。因此,我国的入学年龄比他们晚一年是有一定道理的。从儿童普遍的心理发展规律而言,不建议贸然让孩子提前上学。从个体差异来看,就要评估具体某个孩子的入学成熟水平。

不知道从哪年开始,我们学制发生了变化。记得我小时候，上小学必须满 7 周岁。不过那时候，好像没有太严格的限制。比如说，我的生日是在 9 月，本来是不到 7 周岁的，却没有受到任何阻力就一路绿灯上学了。现在的孩子是 6 岁上学，大部分地区要求的截止日期是 8 月 31 日。这些年这个制度执行得近乎苛刻，差一天也不行。于是乎，就出现了一个奇怪现象，有些家长看到自己孩子的预产期是在 9 月初，就迫不及待地在 8 月 31 日那天选择剖宫产，把孩子提溜出来，为 6 年后的提前上学做准备。我简直对这样的父母无语了！道法自然，为什么要这样做呢？教育主管部门将上学年龄从 7 岁改成 6 岁，是经过长期的追踪调研，发现现阶段 6 岁孩子的认知发展水平能够接受一年级的知识，所以才将 7 岁入学改成 6 岁。有些家长却火急火燎地觉得 6 岁也太晚了，就得早点儿上学，却不知这样的选择可能给孩子将来的发展埋下隐患。

　　设想一下，本来孩子的预产期是 9 月初，经家长这么一折腾，孩子提前到 8 月底出生。于是乎，孩子必须与上一年 9 月 1 日出生的孩子竞争。这样的常识我们是有的，那就是孩子在婴幼儿阶段，每天都发生着变化，孩子差一天，就可能各种心智水平发展不一，可你家孩子却要去跟比自己大一年左右的孩子 PK。孩子都还没有出生，你凭什么觉得自己孩子的智商就一定比别人高呢？如果你家只是一个普通孩子，和别人家大一年左右的孩子比起来，无论是智商、情商还是个头都差一截的话，你那不是把孩子往火坑里推吗？最有可能的是，孩子无论在哪一方面都比不上别人，从入学第一天开始，孩子就开始积攒自卑。如果你家生下来是儿子，那发生这种情况的概率又在提高。因为我们都知道，男孩比女孩大体成熟晚一些。记得读过台湾一位著名教育工作者的一本书,其中有个细节让我记忆深刻。一位来自农村的母亲,培养了三个考入台湾大学的孩子。作者采访她时,问道,你是怎么做到的?那位妈妈非常朴实地说,我觉得我的孩子也不是聪明孩子,我都让他们晚一年上学。晚一年上学和考入台湾大学不见得有因果关系,但是这位母亲的智慧在于懂得慢养,懂得呵护孩子!

当然,如果你家的孩子绝顶聪明,智商明显比同龄人高出一截,经评估后,的确可以考虑早上学或者是跳级,那得祝贺你了!不过,单纯让孩子提前上学或者跳级并不能解决问题。孩子的情商与智商的发展可能存在着不同步、孩子进入新环境的适应,这些都需要家长注意了。正如一个在体育、艺术上有天赋的孩子一样,任何一个方面的天才的成长,家长在其中的付出都比培养一个普通孩子要付出得多得多。

## 勤奋 VS 自卑

> 学校是训练儿童适应社会、掌握今后生活所必需的知识和技能的地方。如果能顺利地完成学习课程,他们就会获得勤奋感,这使其在今后的独立生活和承担工作任务中充满信心。反之,就会产生自卑感。

埃里克森认为,6~12岁需要解决勤奋对自卑的冲突，这一阶段的儿童都应在学校接受教育。学校是训练儿童适应社会、掌握今后生活所必需的知识和技能的地方。如果能顺利地完成学习课程，他们就会获得勤奋感，这使其在今后的独立生活和承担工作任务中充满信心。反之，就会产生自卑感。

如果儿童养成了过分看重自己工作的习惯，而对其他方面木然处之，那他的生活是可悲的。埃里克森说："如果他把工作当成他唯一的任务，把做什么工作看成是唯一的价值标准，那他就可能成为自己工作技能和老板们最驯服和最无思想的奴隶。"当儿童的勤奋感大于自卑感时，他们就会获得有"能力"的品质。正如埃里克森所说："能力是不受儿童自卑感削弱的，完成任务所需要的是自由操作的熟练技能和智慧。"

从埃里克森的理论中，我们要汲取的营养是：在这个孩子刚开始进入学习阶段的年龄段，能否体会到学习带来的成就感颇为重要。教师的反馈、父母和孩子的互动是提升孩子获得良好感受的源泉。这就要求老师和家长尽量带着欣赏和鼓励的眼光看待孩子的学习行为。

不少家长容易走入一个误区：眼睛看到的都是孩子的缺点，要他们去发现孩子的优点比登天还难。导致这一误区的重要原因是他们对孩子有高期许，用高标准来衡量孩子。当家长对孩子有高期许的时候，孩子无论怎么做，都很难达到家长的要求，家长的言语就充斥着责备和批评……孩子在这样的氛围下体会不到学习带来的积极感受，反而收获的是自卑，自然就会丧失学习的兴趣和动力，从而自暴自弃。曾经有个孩子跟我说过这么一件事。她平时的学习成绩一般，考试成绩在班里属于中游水平，父母对孩子的要求却非常高。刚开始，她努力学习，希望能够让父母满意，可后来发生的一件事，彻底浇灭了她那颗向上的心。她说："有一次，我好不容易考了班上第七名，心里特别开心，特别期待回到家向妈妈报喜。可是，当我将成绩告诉妈妈时，妈妈直接就来了一句：'你离第一名差多少分？'我当时就想，我怎么努力也达不到你们的期许，那我就干脆不学了。"

如果教师和家长接纳孩子的缺点与不足，没有过高的期许，就总能看到孩子的进步或优点，从而以欣赏和鼓励的态度对待孩子的学习，孩子就能从学习中体验到成就感，从而喜欢学习，觉得自己有能力应对学习了。

## 影响学习的智力因素

> 智力水平肯定会影响学习成绩，但绝对不是影响学习成绩的唯一因素。常见的现象就是成绩好的孩子，智商一定不低；成绩差的孩子，智商不见得就低。

2003 年，我第一次接触一个因为有学习障碍而打算退学的高中生，最后在我持续的咨询与帮助下，孩子以他们县高考文科第二名的成绩考上了北京的一所著名高校。十多年来，我一直致力于做基础教育阶段孩子的学习心理与学习方法辅导。接触的孩子多了，有些在我的帮助下取得了突飞猛进的进步，当然也有些孩子不为所动。我一直在思考：影响孩子学习的因素有哪些？是不是找到了这些影响因素，多少能给后来的家长一些指导，从而让更多的孩子受益，让学习成绩与智力水平匹配？

一般面对成绩不好的孩子，我们都喜欢去找原因，以便对症下药。首先，我们会想到孩子笨不笨，这是影响学习的智力因素。如果孩子的智力水平不低的话，我们就会想到孩子喜不喜欢学习，这是影响学习的情感因素。如果孩子不至于讨厌学习，对学习的态度尚好的话，我们自然就会想到孩子有没有努力学习，这是影响学习的习惯因素。如果孩子学习习惯也还不错，那我们就会想到孩子的学习方法是不是出了问题。概括来说，我认为影响孩子学习的直接因素是智力水平、学习情感、学习习惯和学习方法。

接下来的几节，我将就这些影响因素做详细的剖析。

智力水平肯定会影响学习成绩，但绝对不是影响学习成绩的唯一因素。常见的现象就是成绩好的孩子，智商一定不低；成绩差的孩子，智商不见得就低。对很多家长而言，若是孩子智商不高，成绩不好那也能接受。他们纠结的是，孩子不是智商出了问题，而是成绩不能与智力水平相匹配。

我读研究生的时候曾经参与导师的一个课题，导师让我们去给一批初中一年级的孩子测智商。这批孩子有些特殊，他们是从这个城市小学毕业生中选拔出来而组成的一个班。这个班必须在高一之前参加高考，即早年传说中的少年大学生预备班。或许是因为这一特殊性，所以导师对这个群体感兴趣。

智商，大家都感兴趣，但智商测试是一把双刃剑：测试结果理想，皆大欢喜；测试结果不理想，容易对被测试人造成伤害。比如说，一个孩子接受智商测试之后，被权威专家告知智商很低，估计没有一个家长能承受得了，有些家长会因为这么一个结果或多或少受到心理暗示，消极对待孩子。结果估计不说大家也都知道，孩子可能会因为家长和周围人的消极对待而贻误一生。正因为此，一般不提倡给孩子做智商测试。即使出于研究的需要，给孩子做了智商测试，也不宜将结果告知家长和老师。

在我们给这些孩子做过智商测试之后，班主任还是按捺不住想知道测试结果。禁不住班主任的软磨硬泡，我最后想了一个折中的办法。我说："我不能违背我们的职业操守，所以让我告诉你所有孩子们的测试结果是不可能的。要不这样，我把你们班上智商最高的那个孩子的名字告诉你。这样呢，或许对这孩子只有好处没有坏处，也不会对别的孩子造成伤害。"

可是，没有想到的是，我刚说出这个孩子的名字，班主任就一拍大腿，非常懊恼地对我说："完了！完了！"

我赶紧问："怎么啦？"

班主任说："我刚把这孩子调到普通班去了。"

原来这孩子有点儿调皮捣蛋，而且偏科，所以班主任老师就把他调去普通班了。

我说："那你能告诉我你们班上成绩最好的孩子的名字吗？"

当班主任告诉我的时候，我看了看这孩子的智商测

试成绩，她的智商在班上处于中上水平。

从这个故事中，大家可以看到，智力不是影响学习成绩及其他表现的唯一因素。如果一个孩子智力水平不低，却还是成绩不好，我们就要探究别的原因了。

## 影响学习的情感因素

孩子长到6岁，就进入小学，开始正式接受学校教育。从孩子开始探索外在的世界开始，父母对孩子学习行为的反应，决定着孩子是保持探索的兴趣，还是趋于消亡兴趣。

学习情感就是学习者在学习过程中对学习及学习相关事物的态度、情绪情感体验。从广义的学习来看，没有孩子天生不爱学习的，恰恰相反，孩子生来就爱学习。从生下来开始，孩子就对周围的世界充满兴趣，去触摸、感知各种可能接触到的事物。稍大一些，孩子就喜欢认知事物，见什么都问"这是什么"。再大一些，孩子就不仅满足于知道是什么，更喜欢穷根究底问"为什么"。孩子长到6岁，就进入小学，开始正式接受学校教育。从孩子开始探索外在的世界开始，父母对孩子学习行为的反应，决定着孩子是保持探索的兴趣，还是趋于消亡兴趣。

　　住在青岛时，每当讲到这点的时候，我都会这样启发家长："假如你带着摄像机去海边拍父母和孩子，往往都会发现，海边的父母和孩子都是开心、幸福的。当给父母一个特写的时候，你会发现父母的眼神都是追随着孩子的身影，而且时不时露出一丝微笑。可是，假如在晚上进入每个家庭去拍父母和孩子，只要这些家庭不设防、能真实自然地表现，就可发现只要孩子是在写作业，很多家长的表情是焦虑、着急、上火的，甚至略显面目狰狞。因为这个时候，家长充当了监工的角色。换位思考一下，如果你是孩子，你是喜欢玩耍还是喜欢写作业？"答案肯定是喜欢玩耍。道理很简单，因为孩子在写作业的过程中体会不到愉悦的感觉。家长在这里犯了一个非常明显的错误，那就是在孩子写作业的过程中，提供给孩子的是负面的情绪体验。从这个道理出发，家长正确的处理方式是善于发现孩子微小的进步，及时给予赞许。如果孩子有做得不好的地方，也以鼓励为主。要知道，孩子的学习情感一旦受到损伤，那后果是非常可怕的。一个对学习没有兴趣的孩子能把学习搞好的概率可不高。

　　生活中我们会发现，有些家庭的父母虽然自己大字不识一个，却把孩子培养得好好儿的，甚至还出个状元之类的。但凡这样的家庭里头，父母都是尊重有知识有文化的人。他们是怎样陪伴孩子学习的呢？相信大家对这么一种情境不陌生，孩子在写作业，母亲在旁边干活、劳作，偶尔抬起头，看着写作业的孩子，怜爱地说："孩子啊，别累着。写完了作业就早点休息！"孩子说："妈，我不累！您早点休息吧，都干了一整天活了！"你看看，多好的亲子互动啊！

生活就是这么有意思，你老催着孩子，孩子越发不愿意学习；你关心孩子，不想让孩子累着，孩子越发努力。你越是愿意看到孩子的积极面，孩子会越来越好；你越是盯着孩子的缺点看，孩子的缺点越会被你无限放大。

其实，在学习过程中，除了来自父母的肯定和赞许外，学习的结果也能强化孩子好的学习行为。也就是说，孩子能从学习本身中体验到学习的快乐，比如说克服难题后的愉悦，作文成为范文被老师诵读的喜悦等。对学习活动本身的喜欢是最好的学习动机。

有些家长不懂得个中道理，用一些无知的举动，以不恰当的表扬方式如物质奖励，伤害了孩子对学习本身的喜欢。比如，孩子兴冲冲地拿着成绩单向家长报喜："爸爸！这是我的考试成绩！"

爸爸："哦，数学100，语文98。不错！孩子，好好学习。下次只要你能考到双百，你要什么爸爸就给你买什么！"

孩子："真的？你可以给我买辆山地自行车吗?"

爸爸："没问题!"

爸爸这样一个承诺，容易置换孩子的学习情感。本来孩子在学习过程中能体验到学习带来的快乐，但自从爸爸有了承诺之后，孩子慢慢将学习动机由学习兴趣转移到对物质的追求。刚开始，或许能进入一个貌似不错的循环，孩子通过努力获得好成绩，换得自己想要的东西。直到有一天，孩子觉得完成这个目标不大可能的时候，他就可能对父亲说："爸爸，平板电脑我不想要了。"言外之意很明白，他放弃奖励，即不想学习了。

由此看来，通过物质奖励鼓励孩子去学习，有它不好的地方。多欣赏孩子、鼓励孩子、达成目标之后实现一些孩子的愿望等等，比直接的物质奖励的效果要好一些。物质奖励的作用是有限的，在家庭教育中，一味地通过物质奖励来促进孩子学习，容易把孩子对学习的直接兴趣变成为了奖励而学习、为了家长而学习，那是很可悲的。

在电视情景喜剧《家有儿女》中，有一集正好诠释了这个道理。姥姥为了鼓励孩子们劳动，给每项工作都设定了具体的奖金，刚开始时三个孩子抢着干活，看起来是那么美好。结果没过多久，孩子们就重复干活，地多拖了几回，碗也多刷了好几次……虽然有些夸张，但正反映出物质奖励的弊端：可能导致孩子向钱看，让孩子觉得帮家里干活就得拿钱，这样反而培养不了孩子为父母分担家务的习惯。

另一部电视连续剧《东北一家人》中也有一集生动地诠释了物质奖励是如何置换一个人的兴趣爱好的。故事是这样的，楼道里有位年轻人特别爱唱歌（注意：特别爱，是对唱歌这件事的直接兴趣）。可是，他的歌唱水平实在令人不敢恭维，于是，很多邻居不堪其扰，但怎么劝说都不管用，小伙子认定自己就是喜欢唱歌，关其他人什么事。演员李琦扮演的大爷说："我有办法解决这件事。"有一天，小伙子打大爷家门前过，大爷把小伙子叫住了。

大爷说："小伙子，大爷就爱听你唱歌，我给你一百块钱，你接着唱！"

小伙子简直不敢相信，想不到唱歌还有钱。确认大爷不是糊弄他，于是接过钱，说："大爷，你放心，我好好给你唱！"

过了几天，小伙子又打大爷门前过，大爷又把小伙子叫住，说："小伙子啊，实在不好意思，大爷最近手头有点紧，我给你五十块，你看行不？"

小伙子心里开始有些不痛快，可转念一想，有总比没有强，便也答应下来。

再过些日子，大爷又把小伙了叫住了，对小伙子说："小伙子啊，大爷实在是日子过得紧巴，你看这样行不行？我给你五块钱，你接着给我唱歌，行不？"

小伙子非常干脆地说："五块钱还想听我唱歌？门儿都没有！"

……

多鲜活的一个例子啊！小伙子原来是那么喜欢唱歌，不管别人怎么看，就是喜欢唱。可是，小伙子对唱歌的直接兴趣逐渐被大爷置换成唱歌是对钱的追求，一旦奖励幅度被大爷调低了，小伙子就直接放弃唱歌。引申到家庭教育上，我们不少家庭不就是这样吗？多少家长在不断重复着这样的事。

前面提到过，学习情感就是学习者在学习过程中对学习及与学习相关事物的态度、情绪情感体验。做父母的都是过来人，我们每个人都深切地体会过，我们对老师的喜欢与否，很大程度上影响着我们在这门功课上的成绩。智慧的家长应该注意尽可能地在孩子心目中塑造任课教师的积极形象。"亲其师，信其道"，如果家长经常在孩子面前谈论老师的不足之处，老师在孩子心目中的地位就会渐渐下降，进而使孩子可能讨厌起老师来。孩子讨厌老师的时候，也就是他学习成绩慢慢下滑的时候。所以，家长在处理家校冲突的时候，一定要讲究艺术。

在这里，我给大家讲述一个故事，希望我们能从中汲取经验。

我曾经参加过一个家庭教育经验交流会，会上邀请了几个家长介绍教育孩子的经验。其中有位家长，她的孩子是一个名副其实的学霸，在青岛最好的高中上学，每次考试都是第一名，最终被保送清华大学。在和她交流的过程中，我发现这位妈妈真的了不起，她自己就好似一本厚厚的书，值得每一位家长好好学习。外人总是羡慕她有这么出色的孩子，可是，每个孩子的成长都不可能一帆风顺的。她讲了这么一件事：刚上小学的时候，有一天，孩子回到家说不想去上学了。妈妈马上和孩子沟通，孩子道出原委。原来，孩子上幼儿园的时候，没有提前学习小学的拼音，而周边的幼儿园都提前学过。所以，老师提问的时候，孩子没有回答上来，老师就在班上责骂孩子是笨蛋。孩子心里挺难受的，于是跟妈妈说不想去上学。

说到这儿，我想问问诸位，如果是你的孩子遇到这种事，你会怎么处理？我曾经就这个话题在育儿 QQ 群里也发起过讨论。群里的处理方式大体分成两类：一种是立场在孩子这边，在孩子面前抱怨老师不应该这样，没有学拼音，当然回答不上来了。有些比较激动的家长还建议直接到校长那里去告状。其实，这种抱怨老师的处理方式会加剧孩子对学校、对老师的负面感受，增加孩子不去上学的可能性。如果越过老师去校长那里告状，还可能遭到老师的报复。就算老师品行好，估计也会想到以后干脆不管你家的孩子了。另一种是立场在老师这边，对孩子说，老师的话有点儿过头，不过不管怎么说，还是你不够好，好的话老师就不会说你了。这样的处理方式则会加剧孩子的沮丧感，挫败孩子的自我感。

让我们来看看这位妈妈是怎么做的！在处理完孩子的情绪之后，妈妈找到孩子的老师，对老师说："老师，我家孩子那天回来之后情绪不是很好。他说他回答不上你的问题。非常对不起啊，耽误了全班的进度。"

老师看家长态度很好，也以很好的态度回应。

妈妈说："老师，能不能恳求你一件事？"

老师说："哦，不用客气，你说吧！"

妈妈接着说："最近一个月，能不能请你不要提问我们家孩子拼音的题。给我一点儿时间，我帮孩子补上去。"

老师说："这没问题！"

我们来看看这家长处理得多好：第一，以让孩子免于受伤害为至高原则；第二，维护老师的面子；第三，帮孩子解决问题。最后让孩子很好地解决了这个困难。

我还遇到过一个个案，老师误会孩子拿了别的同学的东西，孩子情绪上受到伤害。于是，那家长一直盯着老师的不是，不但要求老师承认错误，还要求主管部门惩罚这个教师并提出精神赔偿，此外还要求学校负责给孩子安排另一个学校，否则就不罢休。在闹的过程中，孩子被忽略了，整天就待在家里不去上学，结果拖延了两三年之后，孩子已经无法回到校园。更严重的是，后来孩子在家里待着难受，只好拿头撞墙。

维护、培养孩子对学习积极的情感是父母应有之责。如果没有这种意识，孩子的学习热情就会在不经意间消磨殆尽。

# 影响学习的习惯因素

进入一年级学习，最关键的就是培养孩子积极的学习情感和良好的学习习惯。孩子的学习习惯和生活习惯经常融合在一起，所以入学之后的日常生活习惯需要家长帮助孩子慢慢养成。

如果孩子的学习情感并不差，那我们就要看看孩子的学习习惯怎么样，做作业拖拉吗？效率高吗？愿不愿意付出努力？进入一年级学习，最关键的就是培养孩子积极的学习情感和良好的学习习惯。很多家长舍本逐末，眼睛只盯着孩子的学习成绩，结果到了初高中尤其需要顶住压力、努力学习的时候，孩子的学习情感早已消磨殆尽。

经常能听到家长抱怨说，孩子一上小学明显感觉累了不少。比如说，每天的作业都得家长签字、订正错题。有些家长大包大揽，把订正作业的事全揽下来。我觉得应该逐渐教会孩子仔细认真的学习态度，尽可能地一遍做对，然后，慢慢教会孩子自己订正作业。否则，一旦孩子养成只负责做完而不管对错的学习习惯，那就容易在以后的学习中毛毛糙糙。

孩子的学习习惯和生活习惯经常融合在一起，所以入学之后的日常生活习惯需要家长帮助孩子慢慢养成。常见的就是从早上起床到上学这段时间，总是火药味很浓，搞得家长很头痛。曾经有家长对我抱怨孩子习惯不好，每次早上赖床，家长催好几遍都不管用。后来，家长做好早饭后，赶紧帮着孩子穿衣服，一阵忙乱。好不容易吃完早饭，开车上路送孩子上学。好几回车开到半路，孩子突然说："妈妈，我忘了带作业本！"快速路上不能掉头，家长心中那个火啊，噌地就上来了。慢性子孩子背后总有一个急性子妈妈！在起床这件事上，明显能看到妈妈与孩子的界限不清。妈妈催多了，孩子自然就不会对自己起床这件事上心、负责，孩子形成了对妈妈催促的依赖。如果家长想改善孩子起床拖拉这件事，建议如下：

第一，找一个合适的时间和孩子谈谈。所谓合适，即双方的情绪尚好，都愿意安静下来谈。

第二，以尊重孩子为前提，形成契约。不能以父母的高压姿态和孩子谈，那样即使形成了契约，孩子也不见得遵守。比如说，家长可以这样谈："孩子，每天早上你烦我催你，我也看你不起床着急上火，我们今天就这件事谈谈，把这件事理一理，不要再这么让大家都不开心了。"然后，和孩子商量合适的起床时间。注意不要强迫孩子，先听听孩子的意见，然后商量出一个双方认可的时间。最后和孩子说："孩子，既然我们商量好了这个时间，那我们明天就得遵照执行。妈妈不是不管你、不爱你，而是希望我们都能从早上的争吵中解脱出来。以后，装个闹钟，到点你就起来，妈妈不会像以前那样叫你起床了。刷牙、洗脸、收拾书包这些事，你自己安排。妈妈负责做饭、送你上学。"

第三，执行到位。刚开始几天，做家长的切记遵守规则，不去催孩子。孩子刚开始可能会尝试触碰你的底线，家长一定要注意不生气、不发火。可能的话，可以和老师取得联系，取得老师的配合更好。要是孩子迟到的话，请老师给予孩子一点儿惩罚。只要坚持两周，孩子起床拖拉的习惯肯定能改过来。

## 最熟悉的陌生人——学习方法

> 从皮亚杰的认知发展理论来看，从 0 岁开始，孩子的认知发展依序为感知运动阶段（0~2 岁）、前运算阶段（2~6、7 岁）、具体运算阶段（6、7~11、12 岁）、形式运算阶段（11、12 岁以上）。孩子的认知水平大体遵循这个规律发展。

和大家聊完了智力、学习情感、学习习惯，接下来我们聊聊孩子的学习方法。前面提到过，我从 2003 年开始接触基础教育阶段的孩子，辅导的孩子有上百人。辅导过的孩子先后考上北京师范大学、北京科技大学、北京林业大学、北京语言大学、武汉大学、华东理工大学、西南交通大学等高校，有些孩子在辅导后短时间内进步神速，级部名次上升 200 多名，有些孩子则不见起色。我辅导的着力点在于学习心理和学习方法。在对每一个孩子进行辅导之前，我都会对孩子先做个诊断评估。从经验来看，那种丧失了学习兴趣，没有建立积极的学习情感的孩子，学习很难在短时间内有起色。如果孩子有着不错的学习情感和学习习惯，辅导起来见效就很快。

学习肯定是有方法的，但现实中很少有老师和孩子会把它当成一门学问来学，老师没有将它传授给孩子，孩子也不知道怎么获取这方面的知识。结果学习方法成为我们最熟悉的陌生人。以学习方法中的预习为例来说，我们从小就听老师布置预习，说："同学们，今天晚上大家好好将明天的课程预习一下。"可是，谁也没有告诉我们该怎么预习，结果每个人只能就着自己的理解进行预习，效果就因人而异。

"授人以鱼不如授人以渔。"老师在给孩子们上课的时候，应该有这种意识，那就是在教学过程中，逐渐教会孩子自己学习。正如当代教育家魏书生那样，虽然身兼数职，经常出外讲课，可他带的班级却从来没有因为老师的缺席而成绩差。相反，成绩还非常好，其中一个很重要的原因就是让孩子学会自己学习。比如说，他班上的考试是孩子自己出题相互考，就是每个人都出一套卷子，同桌之间相互考。这一出题行为看似普通，其实需要孩子对书本知识全面掌握。而且人还有一个心理，那就是自己没有掌握，往往就认为对别人也难，这样出题的同时，自己也掌握了不懂的知识。再有就是，出难题是需要费尽心思、融会贯通的。能出一套好的卷子，就意味着需要深入掌握所学知识。由此看来，教会方法比教会知识更有长远意义。

从我的辅导经验来看，学习方法在小学阶段起的作用不是很明显。因为小学阶段孩子的机械记忆能力很强，背诵东西非常容易，学习的内容不是很多、难度较小，好多孩子学习小学的课程一点儿都不费劲，家长一抓就好。所以小学阶段即便孩子的学习习惯不好、几乎没有学习方法也无关大碍。到了初中之后，学习方法的作用就凸显起来。因为初中孩子的机械记忆能力逐渐下降，理解记忆能力不断增强，而且课程增多，难度加大，之前在小学多读几遍就能记住课文的情况一去不复返。所以，上了初中之后，学习方法的重要性就凸显出来，家长要帮助孩子掌握科学而又系统的学习方法。

在预习、听课、笔记、复习和作业五大学习环节中，听课环节对学习成绩影响最大，其次是作业环节。但是，到了高中，影响学习的因素除了听课和作业外，还增加了复习环节。这是由初高中课堂教学的差异导致的：初中的学习相对松一些，每堂课讲完之后，还有课堂巩固的时间；高中课堂时间紧，几乎没有课堂巩固的时间，那就需要自己在课外复习巩固。这也能解释，有些耍小聪明的孩子在初中尚能对付过去，这些孩子只要上课认真听讲，下课写作业认真，除此之外打打闹闹好像也无碍他的成绩。但是，这样的习惯与方法延续到高中就难以为继，因为如果老师不在课堂上巩固，而自己又不复习的话，就很难保持较好的成绩。

从皮亚杰的认知发展理论来看，从 0 岁开始，孩子的认知发展依序为感知运动阶段（0 ~ 2 岁）、前运算阶段（2 ~ 6、7 岁）、具体运算阶段（6、7 ~ 11、12 岁）、形式运算阶段（11、12 岁以上）。孩子的认知水平大体遵循这个规律发展，如果一个孩子智力发展没有到那个阶段，孩子要学习掌握相应的知识就很困难。提前上学的孩子遭遇这种风险的概率较高。

我们的教学、教材的编写同样要遵循孩子认知的发展规律，超越孩子接受能力的知识，孩子是很难理解的。比如说，我们小时候的教材编写就呈现这个规律，小学数学课本不叫"数学"，叫"算术"，初中数学课本叫"代数"。因为在小学阶段，孩子的认知水平尚处在前运算阶段，虽然已经能够借助事物的形象甚至是图式进行思考，但是还要借助具体事物支持。所以大家看看小学一年级的课本就知道了，在数学加减运算中，旁边总是配有图形。有些小学一年级的老师苛求孩子不能掰手指进行运算，其实是超出孩子认知发展水平的。

到了初中之后，孩子的认知发展到了形式运算阶段，已经发展出逻辑思维能力。所以，初中数学的学习内容出现了很多抽象思维能力的要求，比如说，X、Y能代表所有的数。初中的教材也就从《算术》变成了《代数》。在这两个认知发展阶段间的转折期是在孩子四年级（10岁）左右，所以我们往往都会发现，在小学阶段，四五年级是个分水岭。因为在那个时候，小学数学出现了一些需求抽象思维能力的题目。比如说，出现"一项工程要用15天才能完成……"这类题目。当孩子的思维发展没有进入抽象思维阶段的时候，对理解这类问题就有点费劲。他不明白为什么要用"1"代表工程总量，用它除以15，是每天能完成的工作量。反之，有些孩子的抽象思维能力发展较好，就容易理解这样的题目。于是，大概在这个阶段，出现了分水岭。三年级之前孩子之间的差异很小，四年级之后，孩子之间的差异逐渐显现出来。

从研究来看，并不是每一个人都能发展到高级的逻辑思维阶段。逻辑思维发展好的孩子往往在数学上表现较好。生活经验告诉我们，绘画天赋好的孩子形象思维好，逻辑思维能力则相对弱一些。所以，我们经常看到学画画的孩子数学相对弱一些。

# 第五篇
## 12~18岁孩子的成长与抚育

　　青春期没有那么可怕，可怕的是我们一些父母明明知道孩子发生了很多变化，却一直用一成不变的方式去应对。诱惑就像是一个黑洞，时刻牵扯着孩子，你要是留不住孩子，孩子就会被掳走。家就是港湾，船只可以从这里启航，也可以在这停靠。母港用它的包容、理解和接纳，时刻敞开怀抱，送孩子远航，等孩子停靠。

　　12~18岁，对应着初高中的学习阶段，也就是青春期。繁重的学习压力、动荡起伏的青春躁动，对每一个家庭来说都是一个不小的挑战。如何面对青春期的孩子？孩子发生变化了，我们做家长的就不能一成不变地面对孩子，我们也要学习，做出适度的调整。否则，你就会发现，原来感觉好用的一些方式方法，往往会遭遇困难。

## 青春期与自卑

> 青春期往往是一个人性格形成的关键时期，如果在那个阶段孩子形成了积极的自我概念，那他就会自信地度过一生。反之，若遭遇了太多负面、消极的经历，孩子就容易形成自卑的性格。

青春期的孩子自我意识很强。

小学阶段的孩子只知道没心没肺地玩，所有的精神能量都指向外在世界，很少关注到自身的状态。到了青春期，孩子将精神能量转向自己，开始关心"我是怎样的一个人？""别人眼里的我是怎么样的？""怎样才能赢得周围人的喜欢？"等。为了尽可能多地获取对自我的认识，他们开始关心星座、血型、属相等方面的分析中关于自己的描述，希望从中看到自己、了解自己，同时也特别在意别人对自己的评价，渴望从他人眼中看到自己。

在这个时候，做父母的一定要注意自己的言行，特别是评价孩子方面的言行。因为这个时候的孩子对此特别在意。比如说，进入青春期的孩子不喜欢别人叫他的小名，尤其是他的小名显得特别幼稚（"宝宝"之类）或者特别难听的时候（"狗蛋"之类）。如果父母没有注意到这些，像往常一样随口称呼孩子，孩子往往会很不乐意，有些孩子甚至还会勃然大怒。原因就在于这个时候的孩子对这些很敏感，这样的称谓带给他很不好的感受。

曾经有位朋友的孩子，在一所著名的初中上学，成绩在班上名列前茅。可是不知道为什么，快要到中考的时候，孩子的成绩突然从班上前几名掉到 20 名左右。于是家长就找我帮忙，想了解孩子到底怎么了。我和孩子一番沟通之后才明白，进入青春期的女孩子对自己的体貌非常在意。以前妈妈喜欢和孩子说些玩笑话，笑称孩子是"小胖嫚"（青岛话，"嫚"是"女孩"的意思），这话放在以前都没事，可是到了青春期，尤其是女孩对自己的体貌更为在意的时期，听妈妈这么说自己，孩子就烙在心里了。她觉得真的有些胖，于是就背着妈妈买减肥药，可是服用减肥药之后，不但体重没有下来，反而导致经期紊乱，精神上也非常紧张。担心、焦虑、不安导致她无心学习，所以在考试中成绩就下滑了。

从这一个案例中我们可以看到，进入青春期的孩子有多么在意别人对自己的看法。做父母的一定不要口不择言，肆意贬低孩子，如果孩子内化了评价，就容易形成自卑的性格。

曾经有个已经走入社会的男青年来向我咨询，自述自己与人交往有些恐慌、紧张、手心出汗，去酒店吃个饭都紧张得不得了，严重地影响到学习和生活。尤其是最近，亲朋好友老是介绍对象，他内心更是紧张，从来不敢答应，搞得大家越来越觉得他这个人怪怪的。

后来青年的一句话让我看到了问题的根本。他问："老师，你是不是觉得我很丑？"我打量了一下，他长得真的不丑，可不知道他为什么会这样看自己，甚至影响到日常工作与生活。

他说，他父亲长得非常帅，他的哥哥长相随父亲，也是很好看。从小他就经常听到周围人夸他哥哥长得好，那时候他也不是很在意。父亲有时候也开他玩笑说："你看你长得，一点都不像我们家的人！"

长大之后，他就开始在意父亲的这句话了。看看镜子里的自己，再看看父亲和哥哥，他觉得自己长得就是不好看，于是就将这句话内化了。打那之后，他出门总是躲着别人的目光，怕别人注意自己，手心总是出汗，内心紧张。发展到现在，他下班都尽可能地拖到太阳落山后再回家。我问为什么，他说有一次他和父亲、哥哥在太阳底下走路，他觉得自己的影子也比他们丑。

青春期往往是一个人性格形成的关键时期，如果在那个阶段孩子形成了积极的自我概念，那他就会自信地度过一生。反之，若遭遇了太多负面的、消极的经历，孩子就容易形成自卑的性格。所以，请善待青春期的孩子！

# 家，是孩子的港湾

> 假如家不能给予孩子很好的支持，孩子在遇到困难时，就容易采取一些自以为是的解决方式，在不经意间抱憾终生。

我一直认为家是孩子的港湾。

一个美好的家，家中的每一个人都能以真实的自我而得到家中每个人的接纳。累了可以停靠休憩，遇到困难了可以得到支持。

有些孩子考大学的时候，之所以觉得离家越远的地方越好，就因为家没有给予孩子温暖的感觉。有些孩子之所以离家出走，就因为家没有让孩子觉得留恋。

假如家不能给予孩子很好的支持，孩子在遇到困难时就容易寻求一些非常态的外力支持，一旦与一些不良少年为伍，人生路就会走得更为曲折。

曾经有位母亲找到我，她很为自己十三岁的女儿担心，孩子成天不上学，与一些不三不四的孩子逛街、出入歌厅。可是在一年前，孩子还考到了级部第九名。为什么在这短短的时间内孩子就发生那么大的变化呢？

女孩在妈妈的劝说下，终于答应见我，可是我明显能看到孩子的抵触心理。不过在咨询慢慢展开的过程中，孩子逐渐对我建立了一定程度的信任。

她说："那件事发生离今天 256 天。"我惊讶于孩子对一件事的印象之深！我想只有特别的伤痛才会让她如此记忆深刻。然而孩子说："请原谅，我做不到将全部经过告诉你。当时我将这件事告诉我父母的时候，他们并不是很在意。最后没有办法，我找了学校最坏的一些孩子帮我摆平了这件事，我觉得和她们在一起，更真实，而且她们更讲义气。"

青春期的孩子更认同同龄群体的价值观，如果孩子与一帮坏孩子在一起，做父母的就很难把孩子拉回来。在这件事上，最可惜的一个环节是，孩子曾经向父母提到过这件事，但是父母没有很好地帮孩子化解。我们不少父母只关心孩子的衣食住行，却总是忽略孩子的情绪。有时候不经意间的一次忽略，就让孩子走上崎岖人生路。

有位家长曾经向我请教："我家孩子有天跟我说，我们班上某某同学真讨厌，那天我在写作业，他一把抽走我的书就跑了。我就对孩子说，孩子，你傻啊，你不会跟他要回来吗？结果孩子说，我再也不和你说了！类似的事情孩子向我说过两回，孩子每次都说我再也不和你说了！我真怕孩子将来不和我说了，你说我到底错在哪儿？孩子为什么会这样说？"

我说："你觉得孩子被别人逗弄了，是不是很生气？孩子回家向你说这件事，他希望获得什么？孩子需要的是理解。可是你呢，你不但没有理解同情孩子，还责备孩子，说他傻。只要你孩子正常，他就真的不愿意和你说学校发生的事了，那不是自找没趣吗？"

在上一个案例中，假如妈妈对孩子说："哦，这同学真是的，他怎么这样呢？你是不是特生他气？"

如果妈妈能这样对孩子说，孩子一定会觉得妈妈真的理解他。这个时候妈妈接着说："你觉得妈妈能帮你做些什么？"相信孩子一般都会说："没什么，我就和你说说，我知道应该怎么办。"因为妈妈给到了孩子情感上的支持，孩子的情绪就能得到化解，孩子也愿意和妈妈说心里话。

假如家不能给予孩子很好的支持，孩子在遇到困难时，有时候就容易采取一些自以为是的解决方式，在不经意间抱憾终生。

相信大家还记得药家鑫事件——一个西安音乐学院的在校生，在一起交通肇事事故中用刀将受害者捅死，成为当年的十大网络事件之一。柴静在《看见》节目中做过一期药家鑫事件的后续报道。对于药家父母而言，失去孩子的痛是一样的，只不过大家的感情天平更倾向于受害者。

柴静问药家鑫的母亲："你是否有后悔的事？"

药家鑫的母亲带着哭腔说："我第一个后悔的是药家鑫告诉我交通肇事的时候，我立即要带他去自首。可是他当时并没有告诉我他动了刀子。可能是他自己知道这一去，可能就再也回不来了。他就央求我做饭，说吃了饭再去自首。我和他爸爸坚持立即去自首。我现在想想真后悔，没有让他吃上我做的最后一顿饭。第二个后悔的是，我再也没有机会问到他，他为什么要动刀子？我教育孩子到底出了什么问题？"

药家鑫出事之后，曾经被问到他的作案动机。他自己说，他怕农村人难缠。结果所有的媒体都聚焦在"农村人"三个字上，引起很多人的愤慨，怀疑药家非常富有，恃富行凶。但是，我从柴静的节目中约莫感觉自己找到了药家鑫动刀子的真正动机。

药家的家教应该说是非常严厉的，药家鑫小时候弹钢琴弹不好的时候，手都被打得肿起来，也曾经因为不好好学习，被关在地窖里。但这些好像都无法解释药家鑫为什么动刀子。另外两件事，倒是引起我的注意。药家鑫小时候在外边与人发生冲突，不论对和错，都会遭到父母的责备或者打骂。有一次，班主任向药家鑫父亲反映，班上有个调皮孩子欺负药家鑫，要求药家鑫背他，要不就得给他钱。药家鑫的父亲竟然对药家鑫说："我不管，你要么背他，要么给他钱。"孩子总是会从与父母互动中琢磨。相信正是这样的互动，使得药家鑫特别怕惹上事情。今天，他撞人了，惹上大事了！相信他知道，交通肇事中常说，撞伤不如撞死，或许就是这一念之差，动了刀子，希望自己能侥幸过关，结果酿成了不可挽回的遗憾。

所以药家鑫说的"我怕农村人难缠"，重点不在"农村人"而在"难缠"。如果平时家人多给孩子一些支持，共同面对外边的纷争，药家鑫在那个当下就会先求助于父母，而不会动刀子了。

# 离家出走的背后

> 我以为，家要能抵制外面的诸多诱惑，就在于父母能否给孩子营造出一个良好的家庭氛围，能抵抗外面世界的各种诱惑。

都说"金窝银窝不如自家的狗窝"，为什么总是有些孩子义无反顾地离家出走呢？做父母的是不是也得想想，是不是家并没有带给孩子良好的感受，他们才选择离家出走呢？

中国的父母有个情结，生女孩的怕孩子走错情感路，生男孩的怕孩子走错人生路。在青春期，家长往往感觉危机四伏，稍不留心，孩子就真的走错路。

其实，我以为，家能否抵制外面的诸多诱惑，就在于父母能否给孩子营造出一个良好的家庭氛围，能否抵抗外面世界的各种诱惑。很多时候，若孩子沉迷于网络游戏，因其在网络游戏中能够获得成就感，家长就要反思，是不是对孩子有太高的期许，总是吝于欣赏、鼓励孩子。若孩子沉迷于网络交友，家长就要反思，是不是只给了孩子物质上满足，没有关心到孩子的精神和心理世界。若一个女孩子抵制不了男孩的诱惑，家长就要反思，是不是给予孩子的爱太少，才让孩子飞蛾扑火般地去寻找爱。若一个男孩离家出走，家长就要反思，是不是孩子并没有感受到家的温暖，不然怎么会宁愿在外面挨饿受冻也不愿回家呢？

曾经有个女大学生，临近毕业的时候，竟然和认识不久的男友私奔，离家千里去寻找自己所谓的爱情。究其缘由，就是女孩出生在一个重男轻女的家庭，父母把所有的爱都给了弟弟，女孩在家里感受不到父母的爱。这样的女孩往往都是容易产生爱的，但也容易分手。原因就在于，日常生活中，父母都很少关心她，一旦有个男孩关心她，哪怕就是男女之间一般的关心，对这么一个很少体验到被爱的女孩而言，也容易误以为对方对自己有意。这个女孩就是在公交车上认识那个男孩的。之所以说容易分手，也在于女孩因为得不到父母的关爱，缺少亲密关系相处的经验，一旦恋上也会不知道怎么相处。几年之后，我打听过这女孩的情况，据说，灰头土脸地回来了，"面包"、爱情一样都没得到。

都说"富养女孩穷养小子"，切记，富养女孩不要片面地理解为物质上的富养，更重要的是情感上的富养。被爱滋养长大的女孩，不容易被爱迷惑，能够在被爱抛弃的时候，坚信自己，而不至于自暴自弃，甚至于舍弃自己的生命。

## 排名，伤不起

判断一个人的成功，重要的不是和别人做得怎样，而是和自己的潜能比做得怎样。

排名，也就是过度的竞争意识，对孩子而言并不见得是好事，好多孩子在这种过度的竞争中伤得一塌糊涂！真应了我们常说的一句话"人比人，比死人！"我们一直有个观念上的误区，以为崇尚个人英雄主义的美国，教育中肯定灌输不少竞争意识。可是当我看到诸多的美籍华裔专家写的家庭教育书时，却发现我们对美国教育存在着认识误区。美国在不同学龄段都非常强调合作精神，布置作业和任务都要求几个孩子一起完成。反而是我们的教育，从小就充斥着竞争意识的灌输。家里孩子多的时候，父母老是话里话外在兄弟姐妹间比较。家中只有一个孩子的时候，老是有个"别人家的孩子"等着他去比较，而且向来是必输无疑的。

上学了就更是如此！现在教育主管部门不允许排名，不允许公布考试成绩、录取率，甚至不允许在小学阶段评分百分制。即使这样，学校和家长还是热衷排名！据媒体报道，期中考试后的家长会，老师把试卷发下去，转身去拿东西的一会儿工夫，回到教室，竟然发现家长们凑在一起就把孩子的考试成绩排出来了，真是"厉害"啊！

排名给孩子造成的伤害是毫无疑问的：牺牲一大半，保全少数人。如果父母的期许无底线的话，估计是牺牲一个班也不见得能保全一个孩子。因为有些父母的态度是，即便孩子考了班级第一，还要去看级部排名。所以孩子压力很大，过度追求排名的观念伤不起啊！

王金战老师在《学习哪有那么难》中曾经谈过这么一件事情。他曾经带过号称史上最牛的一个班，55人参加高考，37人上了北大、清华，10人拿全额奖学金上了哈佛、牛津之类的名校，剩下的同学也基本上了"985"高校！这个班上肯定有人排第40名，依他们的最终高考成绩，这位排名第40的同学怎么也能考个清华、北大。你想想，这个孩子搁在哪儿，都是排名前列的，可是在这个班却要承受排名第40的煎熬！如果他的动机是追求排名的话，他们的父母也是只看排名的话，估计这个同学死一百次的心可能都有。他之所以还能好好活着，动机肯定不是追求排名。正如王金战老师自己所说："判断一个人的成功，重要的不是和别人比做得怎样，而是和自己的潜能比做得怎样。"我相信王金战老师正是如此引导孩子的！

曾经有个同事的孩子，上了青岛×中。以前在班级、级部名列前茅的孩子，却要在新环境中承受一次又一次"第40名"的压力。深受其害的孩子送给我一句话："你想让你孩子上天堂吗？请你把他送到×中去！你想让你孩子下地狱吗？请你把他送到×中去！"其中的悲愤、痛苦、难过溢于言表！不是×中不好，而是排名实在伤不起啊！

# 强大的学习工具之一：错题本

> 追求知识的掌握才是最理想的学习动机。学习不是为了和别人比较，也不是为了考多少分，更不是为了让他人满意，学习就是为了掌握知识。

在给孩子们辅导的时候，我经常会让他们做以下这道选择题：

学习中你在意的是（    ）

A. 排名

B. 考到一个自己满意的成绩

C. 让家长、老师或者其他重要的人满意

在三个备选答案中，选择最多的是"排名"。正如上文写到的那样，片面追求排名有很多负面的效果。我们有理由猜度王金战老师班上孩子的学习动机不是追求排名，如果是的话，没有几个孩子承受得起从原来学校名列前茅沦落到班级四五十名的心理落差。那我们就要思考了，如果上面三个备选答案中的动机不是最理想的话，究竟怎样的学习动机才是最理想的呢？

那就是：追求知识的掌握！

追求知识的掌握才是最理想的学习动机。学习不是为了和别人比较，也不是为了考多少分，更不是为了让他人满意，学习就是为了掌握知识。正如我们考驾照一样，目的是学会开车这项技能，而不是其他。

如果一个人的学习动机是为了排名的话，他的学习行为就会走形。比方说，考试卷发下来的时候，每个孩子都有类似的反应——先看看自己的成绩，再看看周围人的成绩，如果自己的成绩比周围人都好的话，就特别期待老师宣布考试成绩。可以这么说，假如他考了一个从未有过的好名次，那他基本就停留在这个水平了。如果一个人的学习动机是为了掌握知识的话，表现就截然不同了。看到分数高兴也好难过也罢，只要不是满分，他就必然还会想到另外一个任务，那就是要看看自己扣掉的那几分究竟错在哪里，是不会，知识掌握得不扎实，还是运算出错？一旦找到问题，就及时解决。这样，每一个单元的知识都掌握得非常牢固，将来参加选拔性的中考、高考就事半功倍。

最能体现"追求掌握知识"的学习理念就是"查漏补缺"。一个人的成绩好坏，很大程度上取决于两方面的能力：一个是"查（漏）"的能力，另一个是"补（缺）"的能力。两者缺一不可，光能查出自己的不足，没有补的能力，只能望洋兴叹；光有补的能力，却查不出自己的问题所在，就好比空有一身好武艺，却没有对手。

怎样才能查出自己的不足？"查"背后对应的学习方法首先是错题本或者说错题思想，所谓的错题思想是指不见得有具体的错题本，但一定是依照错题本的思想去发现问题、解决问题。每年各省高考状元出来的时候，总是会有记者在采访最后问："能不能给学弟学妹们一些学习上的指导?"你留心一下,大部分状元都会提到错题本。其实,这个方法很多孩子耳熟能详,可现实情况千差万别,我习惯将孩子们错题本的使用情况分成以下几种境界:

第一种境界,没有错题本。这种孩子要么压根就不相信这方法管用,死活不建错题本;要么就觉得抄错题很浪费时间,内心抵触,因而也没有错题本。

第二种境界,有错题本,但仅仅是错题的集合。如果仅止于此,那还不如第一种孩子,因为他们浪费了大量学习时间在抄错题上。

第三种境界,不仅有错题本,而且尽量做到错过的题不再错。这个境界显然是高人一等,但依然不是最高的境界。为什么?因为重复遇到同一道题的概率不大。

第四种境界,不仅做到错过的题不再错,而且善于从错题中总结,能做到同一类题不再错。也就是说,这个时候不仅仅能发现问题,而且能分类解决问题。比如说,学生在誊错题时,隐约感觉誊过类似的错题,可是找到一比较,却发现不是同一道题,仔细辨别,原来两道题考的是同一个知识点。于是,为了不让类似的题重复出现在错题本上,他就需要将这一知识点理解清楚,至于能不能掌握这一知识点取决于孩子解决问题的能力。

达到这种境界的孩子必须有一种能力:"我看的不是题,是知识点!"(套用网络流行语"哥抽的不是烟,是寂寞")这种能力就是能通过题目看到它考核的知识点。

如果具备了第四种境界,孩子能将错题本上的题逐一掌握,错题本就会越来越薄。正如电影《英雄》里面的一句台词："剑法的至高境界是手中无剑！"与此类似，错题本的至高境界就是没有错题。

学习到了第四种境界是不是就高枕无忧了？其实不然，错题本的错题来自于平时的作业和考试卷。但需要注意的是，从理论上讲，任何一个知识点都可以演化出无数道题。比如说，100 以内的四则运算就可以出无数道题。即使做了无数道题，也并不一定可以覆盖所有的知识点。就是说，假如你所做的作业和试卷有些知识点的题目几乎就没有出现过，你就无法通过写作业和做试卷来发现自己掌握与否。这个时候，另一种学习方法——思维导图横空出世，它的出现掀起了学习的革命高潮！

## 强大的学习工具之二：思维导图

> 思维导图运用图文并重的技巧，把各级主题的关系用相互隶属与相关的层级图表现出来，把主题关键词与图像、颜色等建立记忆链。它充分运用左右脑的技能，利用记忆、阅读、思维的规律，协助人们在科学与艺术、艺术与想象之间平衡发展，从而开启人类大脑的无限潜能。

思维导图又叫心智图，是表达发散性思维有效的图形思维工具，它简单又极其有效，是一种革命性的思维工具。

　　思维导图运用图文并重的技巧，把各级主题的关系用相互隶属与相关的层级图表现出来，把主题关键词与图像、颜色等建立记忆链。它充分运用左右脑的技能，利用记忆、阅读、思维的规律，协助人们在科学与艺术、艺术与想象之间平衡发展，从而开启人类大脑的无限潜能。据权威统计，使用思维导图可以使学习效率、工作效率提高 20%，相当于让学习者一周多出一天时间来。近年来，"思维导图"已经成为学校师生经常挂在嘴边的时尚词汇。教案不会写，题目不会做，怎么办？先画个思维导图。如下面的一幅：

　　这是一幅典型的思维导图，是通过阅读一篇"水果"的说明文而绘制的。文章 1 000 多字，我曾经试着让一些孩子背诵，他们花费的时间在 30 分钟以上。然而，当我让辅导过的所有学生用 2 分钟的时间记下这张思维导图后，平均记忆率在 95% 以上，很惊人吧？其实，除了一些需要背诵的课文之外，我们很多的学习内容并不需要逐字逐句地记住，因此，在完成这些学习任务的时候，思维导图起的作用就非常巨大。

　　思维导图为什么能起这么巨大的作用？

　　第一，基于对人脑的模拟，思维导图的整个画面正像一个人大脑的结构图（分布着许多沟与回）；第二，这种模拟突出了思维内容的重心和层次；第三，这种模拟强化了联想功能，正像大脑细胞之间无限丰富的连接；第四，人脑对图像的加工记忆能力大约是对文字的 1 000 倍。

　　思维导图既然有那么好的效果，我们自然就要想到，但凡要记住一篇文字性的东西，就可以将其转换成思维导图，如此，学习就会变得很轻松。

　　绘制一张思维导图的步骤为：

　　步骤一，画主题。主题的选择非常自由，可以是一本书，比如"思想品德（七年级上）"，也可以是一个章节或者某个知识点。建议刚开始学习绘制思维导图的时候，按照从小到大、由简单到复杂的顺序学习绘制，不妨从一个章节开始绘制。

　　步骤二，找关键。找关键即选择关键词，这是绘制思维导图最核心、最重要的环节。关键词是思维导图的灵魂。无论是与主题直接相连的一级分支，还是二级、三级等其他各级分支，都是由关键词组成的。这个环节

要求有较高的概括、归纳的能力。能用词，就不用词组；能用词组，就不用句子

步骤三，理分支。思维导图是一个由中心到四周的网状结构，每级之间的包含关系，同级之间的并列关系要了解清楚。越靠近主题的分支线条要越粗。关键词要紧挨着分支线的上面。

步骤四，画图。思维导图区别于其他笔记的重要形式就是有图画，画图的过程就是利用左右脑的过程，也是最大限度地利用情绪因素的过程。不需要多么会画图，会涂鸦就行，只要能表达到意思就好。

步骤五，上色。这是画龙点睛的一个部分。

对于一个学习者而言，思维导图在预习、笔记、复习、作文、做题等多方面都起着非常重要的作用。限于篇幅，不在此展开更为详细的描述，有兴趣的读者可以找相关的资料阅读。

## 学习啊学习，我只好撂挑子

　　放弃背后是学习情感的损伤。对学习，实在是提不起兴趣，实在是体会不到乐趣，反而是充满失败感、挫折感甚至屈辱感。

我们小的时候，学习上撂挑子的孩子不多。而现

在，几乎隔几天就能接触到放弃学习的个案。放弃学习的孩子一般都会有前兆，往往最初出现一些躯体化的反应，比如说肚子疼。于是，家长一通忙乱，上医院检查后结果却是什么毛病也没有，孩子依然说肚子疼，进而就发展到不上学。

在我们小时候的那个年代，孩子真要感觉读书很吃力，一般会主动跟父母提："爸、妈，我这学实在是上不下去了，我觉得丢人，也浪费钱，不如你送我去学一门手艺吧！"（随着时代的变迁，"学手艺"变成"去打工"）我还是更喜欢那时候的孩子，有担当，有尊严。而时下孩子的放弃有点儿逃避的感觉，不直接说不想上学，总是找出一些理由来，为自己逃脱的行为做个注脚。当然，我更愿意相信，孩子并不想这样，而是因为他知道，这种事是万万不能提的，迫于压力，孩子只能被动反抗。

放弃背后是学习情感的损伤。对学习，实在是提不起兴趣，实在是体会不到乐趣，反而是充满失败感、挫折感甚至屈辱感。如果一个人在做一件事的时候，伴随的从来都是这类消极感受的话，他要能表现出喜欢，那才是不正常！

其实，没有人生来就讨厌学习，反之，人生来是爱学习的。从孩子幼儿时期不断地问"为什么"，对未知知识的渴求可见一斑。

那我们究竟是怎样变得不喜欢学习的呢？

我觉得一部分原因来自家长。不信，你去看每天晚上在孩子写作业的时间，父母在干吗？绝大部分父母都是充当了监工的角色，脸拉得长长的，言语中充满着压力、责备、讽刺、挖苦的语言如影随形。在这种氛围下写作业、学习，孩子还能喜欢学习吗？至少我是不相信的。

我们经常发现，有些大字不识一个的家长，却能培养出有出息的孩子。道理在哪儿？就在于这些父母虽然不识字，对文化、知识却是非常尊重的。我们小时候，写作业是温馨的、温暖的：在昏黄的灯光下，孩子在写作业，父母在忙生计，时不时用爱怜的眼光看看自己的孩子。你说，受这种氛围熏染的孩子，对学习的体验肯定不会差到哪里去。当下的父母，眼睛光盯着孩子的成绩看，结果总是损伤了孩子的学习情感。学习成绩和学习情感，孰轻孰重？我相信，一个不爱学习的孩子把学习成绩搞好的概率是很小的！

在我们小的时候，家长常说的一句话是："孩子，父母就这点本事，供你上学都不容易。学不学得好，就靠你自己了。当然了，如果你学习好能考上大学，父母就是砸锅卖铁也要供你上！"言语的背后，给了孩子一份责任，却没有施加更多的压力。如今的父母，喜欢挂在嘴上的一句话是："我供你吃供你穿，你怎么就好意思把这么差的成绩拿回家？！"两种不同时代的言语，个中的差别显而易见。前者给了孩子一份担当，一份积极的期许；后者的语词中透露出一种交易，让孩子感觉学习是为父母学的。个中滋味，每一位家长可以自己细细体会。

**教育笔记**

傍晚，我陪着孩子在小区广场练习跳绳。

突然有个电话打了进来，我一看是老家的一位同学。刚接起来，就听到电话那边同学的爱人着急地说："哎哟，你看看怎么办？！我没办法了，只有找你了。我让他（孩子）和你说，他又不愿意。"

我说:"不要急,你慢慢说。"

她说:"孩子今天在家都拍桌子了,使劲地说老师做得不对,这次是底线了。"

我说:"怎么回事?慢慢说。"

她说:"孩子学校现在是小组教学,我家孩子是小组长。每个组中都有好、中、差三类孩子,每次我孩子这组刚刚将大家的成绩带上来,老师就把那些成绩上来的孩子调去别的组里。这样的事情发生好几次了,搞得孩子特别恼火——新进来的组员要磨合,很费精力。所以,今天吃饭的时候孩子说起这事,情绪都失控了,火发得可大了。我们怎么和孩子说都不行。你看看,能不能帮帮忙?"

我要他把电话交给孩子,说:"钟××,你好!"

他说:"叔叔,你好!"(从电话里,可以听出孩子心情不好,说话有些嘟哝)

我说:"刚听你妈妈说了,你是不是心里有些委屈,有些愤怒?"

他说:"嗯!"

我说:"从你妈妈的描述中,我的感受首先是你挺厉害的,总是能将差生的成绩带上来,那是了不起的本领。其次,你还真是老师的好帮手,你那个小组就像是'精英孵化器'一样,总是能培养出高手来。你这个做组长的功不可没啊!不过就我的理解而言,其实小组教学也有一些不足,表面上小组教学锻炼了学生的自主性,其实更多的是锻炼了小组长。结果只会是,小组长越来越好,小组中最差的那位容易停滞不前。我就看到你特别厉害,总是能把差生提上来。你就像是里皮,一个伟大的足球教练。一个教练能把一支好的队伍带出成绩，那不算厉害，厉害的是，能将一支差的队伍带出成绩。还有一点就是，小组教学引进了小组间的竞争，导致很多孩子将情绪都捆绑在小组荣誉上了。所以，老师每次把你刚带动上来的同学调到别的组，你就特别生气。可是，你有没有想到，他为什么这样做？你不是很喜欢打篮球，喜欢 NBA 吗？那我问你，NBA 中怎样的球队才能获得第一顺位的选秀权的最大概率？"

他说："成绩最差的！"

我说："那就是了。如果你们小组一直是班上第一，别的小组老是不能跟你竞争，他们就会懈怠，就没有人陪你玩，不利于整个班级成绩的提高。如果 NBA 没有那样的选秀机制，就不会成就 NBA 的伟大。你们老师如果不这样调动，小组间也不能处于一个良性的竞争中。老师只不过是欠一个对你的肯定，但我相信，老师肯定会记在心里。你自己好好想想，好吗？"

他说："好的，谢谢叔叔！"（这个时候能听出孩子的情绪好了不少）

过了几分钟，我同学的电话又打了进来。

电话里我同学的爱人用非常夸张的语气说："哎呀，还是你厉害！你几句话，孩子的情绪就好了！我们俩现在在散步，孩子对我们说，我没事了，你们走吧，我要开始写作业了！真得谢谢你啊！"

我也笑了，不仅笑在脸上，更笑在心里！

## 不求完美，但求坚持

> 计划好订，执行好难，这是很多订过计划的人的体会。自然界用它的神奇也在告诉我们，坚持不是天天、不是每时每刻，而是即便被打断，也不放弃。

每个人都制订过计划，小时候制订过学习计划，长大了制订过工作计划。常言道：计划赶不上变化！计划好订，执行好难，这是很多订过计划的人的体会。

拿我自己来说，我经常制订计划，也经常放弃计划。相信不少人有过类似的经历，比方说，我有一天心血来潮，想把一本词汇书背下来，于是制订了一个学习计划，规定自己每天背诵多少个单词，结果总是虎头蛇尾。从首字母 A 开始背诵，背着背着，突然有天计划中断，被同学邀请参加一个派对去了。于是，背词汇书的计划就被放弃了，再也没有继续下去。又过了一段时间，想起制订背诵词汇书的这个计划，于是类似的情形又重演一遍，不同的是打断计划的事情可能不一样，结果却是一样的——又放弃计划。于是，这本词汇书的前面部分我很熟悉，后半部分却是一点都没有碰过。会的还是那些，不会的永远不会。

我给学生们辅导的时候，经常说起这些事。孩子们都很认同，觉得这样的事情好像在每个人身上都发生过。我话锋一转，问道："你们觉得一天背诵 20 个单词，算不算多？"

"不算多！"

"那你们给我算算，如果一个人每天背诵 20 个单词，一年下来他能背诵多少单词？

孩子们就在一旁计算，一会儿就回答道："7 300个！"

"你知道 7 300 个是什么概念吗？3 300 个词汇是高考的词汇量，4 400 个词汇大概是四级考试的词汇量，6 000 个左右是六级的词汇量。7 300 个都快接近托福考试的词汇量了。你们想过没有，自己学英语多少年了？"

这样一问，孩子们有些愕然。因为他们中的大部分都学了 8 年以上。我说："你们想过这件事吗？如果你们拿出一年的时间来坚持背诵单词，词汇量就能达到六级以上水平。"

这时，孩子们往往会陷入沉思。

我接着说："你可能心里嘀咕：有病啊，谁能坚持一年啊？你听说过父母、老师恨铁不成钢的一句话，叫'三天打鱼两天晒网'吗？"

孩子们点点头。

我说："假如说打鱼是干正事，晒网是歇着的话。5 天当中 3 天是干正事，你将 7 300 乘以 3/5 会是多少？"

孩子们在稿纸上演算起来："4 380！"

我说："结果让你们惊讶吗？刚才你们说一天背诵 20 个单词不算多，一年下来，即便是三天打鱼两天晒网，也能达到四级水平的词汇量。这到底是怎么回事？

"计划一旦被中断，就经常放弃计划。内心还是有完美的情结在作怪。计划被中断了，感觉不好，于是就放弃计划。可是，你知道吗？坚持才是最重要的！坚持并不是每天都在做某件事情，坚持的精髓在于计划被中断了，还能记着坚持做下去！一个人如果一辈子能坚持做一件事，那他一定能将这件事做得很好！"

孩子们这个时候有了恍然大悟的感觉！

我继续说："你们知道'水滴石穿'这个成语吗？水那么柔弱，竟然能将石头击穿。靠的是什么？坚持！"

孩子们点点头。

我问："地球上有哪个地方经年累月，每时每刻都在下雨？"

"没有！"

"其实，真要有这么一个地方，那还真不容易出现'水滴石穿'的情况，要么石头被水淹没，要么就是被水冲走。自然界用它的神奇也在告诉我们，坚持不是每天、不是每时每刻，而是即便被打断，也不放弃。"

# 七分考，三分报

> 填报志愿首先要考虑适合，适合的专业应该是"兴趣所在，能力所长，性格匹配"。

高三是收获的季节，也是迷茫的季节。

高考完之后，我最愿意做的事情就是帮助孩子们报考志愿。十多年来，我自己也不知道指导了多少孩子填报志愿。辅导过的孩子，那自然是愿意和我分享收获、分享果实的，也有一些家长慕名前来，听听我的意见，看究竟该怎么选择一个适合的专业。

我之所以对高考志愿填报那么情有独钟，一方面是专业使然，我在研究生毕业之后做过人才测评、岗位安置，开过很长一段时间的"职业生涯规划"课；另一方面我自己就算得上是志愿填报的反面教材。当时考完高考后，我因为发挥极差，心灰意冷，甚至以为自己这辈子都与大学无缘了，周围没有人能够指导填报志愿，于是胡乱填写了几个志愿就去工地上打工了。结果，后来被北京师范大学刷下来，直接就被江西师范大学（服从调剂）录取了。那时候的录取通知书，不是完全打印的。专业那处是手写的，填写录取通知书的老师不但简写，字迹还很潦草。"学校教育"这专业被他缩写成"学教"，我死活认不出来，还误以为是"数学"两个字写反了，可转念一想，自己是文科生，不可能录取为数学专业。于是，跑遍整个县城，总算找到一个中学的校长。他说，"学教"是"学校教育"的简称，运气好的话，能被分配到中等师范学校当老师。我心里美得很，觉得比教中学强。

我兴冲冲去大学报到，没想到还没有高兴完，入学教育就给我们泼了一盆冷水。系主任说："同学们，你们进对了大门，但是进错了小门。"我们还没有缓过神来，他接着说："进对了大门，那是因为你们考上了大学。进错了小门，那是你们不该学这专业啊，太难就业了。"更悲催的是，他还加了一句话："同学们，既来之则安之!"

无语!

记得那时候我们爱看钱钟书老先生的《围城》，里面有句话，大致是这么说的：外国语言系的学生看不起中国语言系的学生，中国语言系的学生看不起哲学系的学生，哲学系的学生看不起教育系的学生，教育系的学生实在没有什么看不起的，只有看不起本系的先生了。而我们，恰恰就是教育系的学生！

于是大学四年，不少同学拼着命想从"火炕"里跳出来。虽然不少人如愿上演逆袭的故事，可要是当初志愿填得合适，还要如此拼命吗？

我们省那时候填报志愿是估分填报，即在高考分数出来之前填报。这样不确定性更强，还真闹出不少悲喜剧。我有一个同学，整整比自己的实际得分少估了100分。他心中那个难受啊，草草填了一个师专的志愿就回家干农活去了。好在班主任看他平时学习成绩不错，于是从县城赶到地区招生办给他追加了一个师范大学的志愿。分数出来之后，果真被师范大学录取了。而且他在师范大学一直成绩不错，最后被保送到中科院读研究生。他的人生就这样被一个好心的老师改写了。我那同学因此感恩，每次回老家都去看望那位老师。

老百姓常说一句话："男怕入错行，女怕嫁错郎。"其实，填报志愿也是这样。如果率性填报，极有可能学非所愿。到头来，学得非常痛苦。极个别极端的现象是，有些孩子因为志愿是父母决定的，上学以后发现学起来很痛苦，最后以死抗争。反之，如果能够科学填报，上大学之后学起来轻松愉快，学习成绩很容易跻身专业前列。

　　填报志愿首先要考虑适合，适合的专业应该是"兴趣所在，能力所长，性格匹配"。"兴趣所在"容易理解，那就是所选专业应该是兴趣点。因为有兴趣，学起来就能投入，学起来就能轻松。有兴趣没有能力，颇有眼高手低之嫌。所以第二个考虑因素是"能力所长"。因为是能力所长，就会得心应手，游刃有余。前两者一般大众都容易考虑得到，但是，很少会想到第三个因素，那就是要"性格匹配"。所选专业很大程度上决定着你的职业，而每一种职业对人都有一种内在要求。比如说，导游需要与人打交道，实验室工作人员几乎不需要与人打交道。性格外向的人，肯定更适合做导游。内向的人更适合在实验室上班。反之，如果让一个内向的人去干导游，那么估计他连饭都吃不上。

　　在这个几乎人人都能上大学的时代，选择一个适合自己的专业比学校更为重要。当然，适合的专业有两种。一种是长线专业，这种专业本科并不好就业，一般都得读完硕士、博士之后才好找工作。另外一种是短线专业，这种专业往往本科毕业就好找工作，投入与产出相对性价比高。对一个普通家庭的孩子而言，如果能选择一个适合的短线专业，那么就不必求爷爷告奶奶地找工作，那是最合适不过的了。如果家庭经济状况不错，也不妨挑选一个适合的长线专业，因为适合，兴趣浓厚，学有余力，所以考研也相对轻松。

　　前面我提到大学所学专业，据说，我们全班只有两个人填报了这个学校这个专业。正如系主任说的，既来之则安之。好多同学不怨天不怨地，想通过考研改学专业，改变命运。于是，不少同学选择了当年的热门专业——法学，也有不少同学"近水楼台先得月"，选择心理学（自古教育、心理不分家），可我们班上有个同学偏偏就选择哲学。当时我们非常不理解，心想：你这不是刚从一个坑里跳出来，又往另一个坑里跳进去吗？可是，从事职业生涯规划教学和高考志愿填报指导工作之后，我理解了。他是遵循自己的爱好和能力来选择的，后来的路也证明了他的选择是对的。他一路走来，从北京师范大学的硕士到中国社科院的博士，再到清华大学的博士后，是我们班上学问做得最好的一个。

我指导考生填报志愿，有不少成功案例。我妻子有个同事，家在青岛周边农村，有一对双胞胎女儿。高考的时候，她俩的成绩都在三本分数线左右。老师建议她们复读，可是做母亲的有些为难，毕竟家境不是很好。于是我就说，如果愿意的话，我帮你们填报志愿吧。因为家境不是很好，两个孩子同时上三本有点吃不消。综合考虑孩子的各方面情况，我推荐了一所央企和地方共建的专科学校，这所学校的优势是自己行业内部能消化一些优秀毕业生。孩子们都最终听从了我的建议。没想到的是，从孩子的妈妈那里不断地传来好消息。首先是因为以三本的成绩上专科，而且又是适合的专业，孩子学得非常轻松，成绩经常位居专业前列。一年下来，一个孩子获得国家奖学金八千元，另一个孩子获得国家助学金五千元。用她们妈妈的话来说，孩子上学几乎没花钱。因为在学校的各方面表现很好，两个孩子在校都入了党。毕业的时候，因为成绩优异，一个直接被央企留下，另一个也在毕业前签了一家著名的外资企业。这样的结果我都没有想到，看来选择对了，好运真的挡不住。

# 附录一　埃里克森人格发展八阶段理论①

埃里克森是美国著名的精神病医师，新精神分析派的代表人物。他认为，人的自我意识发展持续一生，他把自我意识的形成和发展过程划分为八个阶段，这八个阶段的顺序是由遗传决定的，但是每个阶段能否顺利度过却是由环境决定的，所以这个理论可称为"心理社会"阶段理论。其中每一个阶段都是不可忽视的。他认为现代人心理上的变态都是人的本性需要和社会要求不相适应乃至失调所致的；人在克服心理与社会的矛盾和危机时，在很大程度上依赖于个体的心理社会经验；从本质上讲，社会环境决定了与任何阶段相联系的危机能否得到积极地解决，因此他提出人格发展八阶段理论。

埃里克森的人格发展八阶段理论为不同年龄段的教育提供了理论依据和教育内容，任何年龄段的教育失误都会给一个人的终生发展造成障碍。它也告诉每个人你为什么会成为现在这个样子，你的心理品质哪些是积极的，哪些是消极的，都在哪个年龄段形成的，从而给你反思的依据。

（1）婴儿期（0～1.5岁）：基本信任对基本不信任的心理冲突。此时不要认为婴儿是一个不懂事的小动物，只要吃饱不哭就行，这就大错特错了。此时是基本

---

① 引自豆瓣网，http：//www.douban.con/group/topic/2228452/。

信任和不信任的心理冲突期，因为这期间孩子开始认识人了，当孩子哭或饿时，父母是否及时回应则是建立信任感的重要问题。信任在人格中形成了"希望"的品质，富于理想，具有强烈的未来定向。反之则不敢抱希望，时时担忧自己的需要得不到满足。埃里克森把希望定义为："对自己愿望的可实现性的持久信念，反抗黑暗势力、标志生命诞生的怒吼。"

（2）儿童期（1.5~3岁）：自主与害羞和怀疑的冲突。这一时期，儿童掌握了大量的技能，如爬、走、说话等。更重要的是他们学会了怎样坚持或放弃，也就是说儿童开始"有意志"地决定做什么或不做什么。这时候父母与子女的冲突很激烈，也就是第一个反抗期的出现。一方面父母必须承担起控制儿童行为使之符合社会规范的任务，另一方面儿童开始了自主感，他们坚持自己的进食、排泄方式，所以训练良好的习惯不是一件容易的事。这时孩子会反复应用"不"来反抗外界的控制，而父母决不能听之任之、放任自流，这将不利于儿童的社会化。反之，若过分严厉，又会伤害儿童自主感和自我控制能力。如果父母对儿童的保护或惩罚不当，儿童就会产生怀疑，并感到害羞。因此，把握住"度"的问题，才有利于在儿童人格内部形成意志品质。埃里克森把意志定义为："不顾不可避免的害羞和怀疑心理而坚定地自由选择或自我抑制的决心。"

（3）学龄初期（3~5岁）：主动对内疚的冲突。在这一时期，如果幼儿表现出的主动探究行为受到鼓励，幼儿就会形成自主性，这为他将来成为一个有责任感、有创造力的人奠定了基础。如果承认讥笑幼儿的独创行为和想象力，那么幼儿就会逐渐失去自信心，这使他们更倾向于生活在别人为他们安排好的狭窄圈子里，缺乏自己开创幸福生活的主动性。当儿童的主动感超过内疚感时，他们就有了"目的"的品质。埃里克森把目的定义为："一种正视和追求有价值目标的勇气，这种勇气不为幼儿想象的失利、罪疚感和惩罚的恐惧所限制。"

（4）学龄期（6～12岁）：勤奋对自卑的冲突。埃里克森认为6～12岁需要解决勤奋对自卑的冲突，这一阶段的儿童都应在学校接受教育。学校是训练儿童适应社会、掌握今后生活所必需的知识和技能的地方。如果他们能顺利地完成学习课程，他们就会获得勤奋感，这使他们在今后的独立生活和承担工作任务中充满信心。反之，就会产生自卑。另外，如果儿童养成了过分看重自己工作的习惯，而对其他方面木然处之，这种人的生活是可悲的。埃里克森说："如果他把工作当成他唯一的任务，把做什么工作看成是唯一的价值标准，那他就可能成为自己工作技能和老板们最驯服和最无思想的奴隶。"当儿童的勤奋感大于自卑感时，他们就会获得有"能力"的品质。埃里克森说："能力是不受儿童自卑感削弱的，完成任务所需要的是自由操作的熟练技能和智慧。"

（5）青春期（12～18岁）：自我同一性和角色混乱的冲突。一方面，青少年本能冲动的高涨会带来问题；另一方面，更重要的是青少年为面临新的社会要求和社会的冲突而感到困扰和混乱。所以，青少年期的主要任务是建立一个新的同一感或自己在别人眼中的形象，以及他在社会集体中所有的情感位置。这一阶段的危机是角色混乱。这种统一性的感觉也是一种不断增强的自信心，一种在过去的经历中形成的内在持续性和同一感

（一个人心理中的自我）。如果这种自我感觉与一个人在他人心目中的感觉相称，很明显这将给一个人的生涯增添绚丽的色彩。埃里克森把同一性危机理论用于解释青少年对社会不满和犯罪等社会问题上，他说："如果一个儿童感觉得他所处的环境剥夺了他在未来发展中获得自我同一性的种种可能性，他将以令人吃惊的力量抵抗社会环境。在人类社会的丛林中，没有同一性的感觉，就没有自身的存在，所以，他宁做一个坏人，或干脆死人般地活着，也不愿做不伦不类的人，他自由地选择这一切。"随着自我同一性形成了"忠诚"的品质。埃里克森把忠诚定义为："不过价值系统的必然矛盾，而坚持自己确认的同一性的能力。"

（6）成年早期（18～25岁）：亲密对孤独的冲突。只有具有牢固的自我同一性的青年人，才敢于承担与他人发生亲密关系的风险。因为与他人发生爱的关系，就是把自己的同一性与他人的同一性融合一体。这里有自我牺牲或损失，只有这样才能在恋爱中建立真正亲密无间的关系，从而获得亲密感，否则将产生孤独感。埃里克森把爱定义为："压抑异性间遗传的对立性而永远互相奉献。"

（7）成年期（25～65岁）：生育对自我关注的冲突。当一个人顺利地度过了自我同一性时期，以后的岁月中将过上幸福充实的生活，他将生儿育女，关心后代的繁殖和养育。他认为，生育感有生和育两层含义，一个人即使没生孩子，只要能关心孩子、教育指导孩子也可以具有生育感。反之，没有生育感的人，其人格贫乏和停滞，是一个自我关注的人，他们只考虑自己的需要和利益，不关心他人（包括儿童）的需要和利益。在这一时期，人们不仅要生育孩子，同时要承担社会工作，这是一个人对下一代的关心和创造最旺盛的时期，人们将获得关心和创造力的品质。

（8）成熟期（65 岁以上）：自我调整与绝望期的冲突。由于衰老过程，老人的体力、心力和健康每况愈下，对此他们必须做出相应的调整和适应，所以被称为自我调整对绝望期的冲突。

当老人们回顾过去时，可能怀着充实的感情与世告别，也可能怀着绝望走向死亡。自我调整是一种接受自我、承认现实的感受；一种超越的智慧之感。如果一个人的自我调整大于绝望，他将获得智慧的品质，埃里克森把自我调整定义为："以超我的态度对待生活和死亡。"

## 附录二　错题本中错误类型的分析及学习方法的改进①

　　不同错题类型产生的原因迥然不同，其解决的策略各异，方法也有别。如果不加以区别对待的话，是不可能做到轻松学习，更谈不上学会学习和享受学习了。要根据错误的原因运用相应的对策，对症下药才能不断收获进步的果实。以下是相关策略的初步运用：

### 一、不会做的题

　　这主要表现在智力因素培养方面，对于知识结构性错误，重做一两遍错题是十分必要的，这要视你自己对错题的把握程度而定。这类错误是我们通过学习，建立自身知识体系时存在的漏洞，通过重做错题，并认真分析，把这个漏洞补上，就可以健全知识结构体系，锻炼思维能力，用10分钟的时间就可取得平时1~2小时的学习效果，也能发现自己究竟是学习行为方面存在问题，还是某些思维方式需要加以调整。

　　1. 概念不清类

　　这类问题包括知识结构板块、知识点、基础知识（诸如具体的定理、公式、概念），容易压得人喘不过气

---

　　① 引自 http://www.ixteacher.com/yxb/column69161/7e5498d1 – 34ba – 98a5 – 51372cle5aof7 – html。

来。处于不同学习层次的同学要根据自己的实际情况，加强训练和记忆，培养自己的宏观思维方式，因人而异地确定自己的学习目标、步骤和解决问题的方案，并且有效地进行目标时间管理。

2. 题型类

这类问题往往是未能掌握不同题型的解题思路或技巧；或处理问题的方式过于死板，虽然知道该题涉及的知识点，但是却无从下手展开解题活动（"牛吃南瓜无从下口"）。其实无论是哪一类题型，都有其解题的一般思路和方法（共性），只要掌握住某一题型的答题要领，以及能够仔细区分某一特定试题的"个性"，就能顺利将题解出。加强训练，假以时日便能培养自己举一反三的能力，增进解题的灵活性与变通力，并且随时都能够有所感悟，使自己的思维能力得到提高。

3. 能力应用类

这类问题往往是对知识点（概念）的理解较为浅显，思维单一，知其然而不知其所以然。当使用障眼法，把曾经解答过的题变换某些条件，移植一种情景时，就会产生似曾相识的感觉，不再细辨其中的异同，自然会被虚假条件搞昏头。究其原因主要还是对某些知识缺乏灵活运用，不能融会贯通，同时缺乏理论联系实际的探索精神。要针对试题涉及的知识点及内容认真地加以复习巩固，多观察和了解日常生活现象，做题时多与理论相联系，加强典型题与日常生活应用训练，多做试题分析。这样可以有效地培养和训练自己的发散思维能力、观察能力和逆向思维能力。

## 二、模棱两可、似是而非的题

对于模棱两可、似是而非的错题，通过分析，可以发现是把公式给弄混淆了，还是把公式给用错了？是理解错了，还是记忆错了？通过训练可以有效地增进智力因素。

### 1. 概念模糊类

这类问题往往是一点就通，容易被人忽视。比如巧妙设置在题中的隐含条件、限制条件和关键词语等这类问题，往往可以一点就破，并认为自己是懂了，只是没有发现而已，实际上是概念模糊。有的则是自身知识结构体系脉络不清，以致给出错误答案。加强概念和基础知识的训练和巩固，多做典型题型是避免这类错误的方法之一。

### 2. 记忆模糊类

这类问题主要是对概念和原理等的理解过于浅显，或记得不牢，或只知其一不知其二，当问题交织在一起时，便分辨不清，导致答题时似是而非。当问题成堆时，便会显得迷茫、不知所措甚至于无精打彩，以至于懈怠下去。攻克这类问题主要就是解决理解和记忆，并要拓展知识的运用。

## 三、会做却做错了的题

这主要表现在非智力因素培养方面，这类问题最容易被人忽视，常常会自以为是地认为下次注意就行了，自己是不会再犯这个错误的。然而，往往却事与愿违，不会发生的事竟然又一次发生了。所以，别对自己的错误太宽容，一定要找出问题所在，消灭这类问题。

1. 顾此失彼类

考题中涉及的知识点稍多一点，过程稍复杂一些，大脑就运转不过来了，顾头不顾尾。这主要缘于典型题做得不够，做得不精，题的难度系数也较低，并对教材中的观点、基本原理和基本概念等理解得不深不透。

2. 审题错误类

还没看清条件就急于解题，可能是观察得不够仔细，判断得不够准确；也可能是考试策略不当，或是心理状态不稳；还可能是缘于外界的干扰刺激；更有可能是平时练习不到位，仅仅是为了完成作业而做作业，或做题缺乏针对性，成天盲目做题，忽略了做完题后的反思环节；或平时就缺乏慢审题快解题的训练。要养成"袖手于前疾书在后"的答题风格，以及做完题后进行回顾和总结的习惯，这对增强自己的审题能力极有好处。

### 四、考试策略类

这主要表现在非智力因素培养方面，比如遇到复杂一些的考题，便心生恐惧、头脑发懵以致失误，或缺乏答题的快慢观念。面对比较有把握的考题也自我怀疑，答题时犹豫不决，这也会在一定程度上强化不良的考试情绪，干扰解题的思路。通过这部分的分析可以发现自己是思路不清，还是思路受到了干扰。

1. 考场时间分配不合理

平时没有从心理上把练习和考试作为正式考试来对待，没有把一般性的考试作为训练考试时间分配的练兵场，导致正式考试时虎头蛇尾，眼睁睁看着题熟悉却没有时间下手。

## 2. 舌尖现象

答案就在嘴边，但就是写不出来。这与心理紧张、心态失衡有关。在答题时要从容不迫、沉着冷静，这需要平时加强非智力因素方面的训练和培养。

## 3. 克拉克现象

见到生题或难题便心烦意乱，乱了方寸。这与心理应激反应有关，破坏了考试竞技场上应有的状态，平时就要克服急躁心理，化解不良情绪，提高自信心，消除烦躁不安、焦虑紧张的心态，做到心平气和与情绪稳定。这也需要平时加强非智力因素方面的培养和训练。

## 4. 考前失眠

表现在考场上无法集中精力，逻辑思维混乱，反应迟钝，计算失误。主要源于压力过大、始终处于焦虑状态。这同样需要平时加强非智力因素方面的培养和训练。比如，平时就要多进行心理心态的调整和引导，培养和提高自己的心理素质，达到心理稳定从容不迫。此外，当不幸处于焦虑状态时，可以问一问自己："我焦虑的是什么？""这种焦虑对结果有帮助吗？""有哪些方法可以解决？"还可以对自己说："我会有办法解决！"

### 五、非知识结构性错误（马虎、粗心导致丢分）

这主要表现在非智力因素培养方面。由于马虎导致丢分是普遍存在的现象，于是大家往往就变得心安理得，还会阿 Q 式地原谅自己："这些题我都会做，就是粗心，否则就是满分了，我今后要注意克服。"能克服吗？未必！因为粗心不是一种行为，马虎也不是一种行为，要改正还得从行为本身入手，平时要加强行为习惯的训练。学习中常见的粗心或 马虎行为主要有以下几种。

1．看错

看错题这种行为产生的原因主要与人的瞬时记忆有关。有的人视觉成像反应稍慢（他的学习类型可能不属于视觉类型），而他又看得快，前面的信息在大脑中还未形成稳定的状态时，后面的信息又进来了，于是导致把题看错，解决这一行为的方法就是放慢看题速度，也就是看仔细点。有的人则可能是与自身的短时记忆容量有关，人的短时记忆容量为 7 ± 2 个组块，如果一个人的短时记忆容量为 5 个，即他一瞬间只能记住 5 个单词或数字之类的东西，当他想一瞬间记住 7 个时，就会出现记忆错误，从而就会发生看错了的现象。解决这一行为可以通过平时训练来达到。最简单的办法是在上学或放学的路上用瞥一眼的方式去记路边的汽车牌照，也可以运用瞥一眼的方式去记一组数字、符号或英语单词，以提高自己的短时记忆容量，增强记忆力。

2．抄错

普遍把草稿纸上的正确答案抄到答卷上出错或抄漏是最冤枉的一种丢分。这一抄错行为的产生除了与瞬时记忆有关外，还与人的记忆过程有关，抄写包括记（看）和忆（写）两个过程，你可能没有看错，但写错了，为什么呢？因为人们在回忆时，总是会把后面位置的字与前面位置的字颠倒，在说话或背诵时也会出现这种前后位置颠倒的情况。解决这一行为的办法就是进行大量的快速抄写行为训练，提高大脑的纠错能力。另一个原因是与人的记忆缓存有关，举个例子来说，有的人可以很容易在别人念下一句时，继续写完上一句，有的人却比较困难，这也需要通过经常的听写行为训练来加以解决。

### 3. 算错

计算时出错。这主要反映出平时的练习少了，没有养成自动答题技能，没有形成稳固的肌肉记忆方式。骑自行车不倒，靠的就是肌肉记忆反应；在急刹车时，靠的也是肌肉记忆反应，如果等到大脑来指挥的话，车祸就已经发生了。肌肉记忆方式可以有效地减轻大脑的负担，让大脑去想更加复杂的问题。也有可能是我们平时在草稿纸上演算就不注意整洁，乱七八糟，缺乏规范化的训练，于是算错也就成了一件"很正常"的事了。

### 4. 写错（书写出错）

明明是大于号却偏偏写成了小于号，此外还有正负号、小数点、字、词或字母、符号等的书写出错，这就需要首先从心理上、思想意识上看清符号（比如正负号）的有无，准确地记住小数点的位置；另一原因是肌肉记忆出现偏差。解决这一书写出错行为可以采用双人训练的方法，一人快速念，一人快速写，加强肌肉记忆训练。

以上四类错误的纠正是最容易取得成效的，只需稍加训练即可。

### 5. 想错（判断错误）

一个原因是知识掌握得不牢，相似知识点之间发生了混淆，出现判断失误。另一个原因属于"想当然"失误，即没有注意到题型的条件已经发生了改变，从而落入了出题人设下的陷阱。

### 6. 跳步

以为自己明白了，或害怕答题速度跟不上，不写出相关步骤，结果发生了错误。要符合答题规范，将相关步骤写出，关键信息绝对不能跳步。

7. 没有完全按要求答题

这与跳步答题的错误相似，不同之处在于这类题是有明确要求的，当你轻易忽略时，失误就在所难免。

找准失误的原因，对症下药，才能养成良好的学习习惯。同样，改进自己的学习行为可以有效地调整自己的学习状态。通过对错题本中的错误类型进行分析，抓住主要问题，确立自己近期的学习目标，将错误逐一消灭掉，就能有效地提高成绩。更重要的是，还可以有效地提升自己的学习境界，培养自己的综合素质及能力。